LOS ODS Y EL ARTE

(COMO FORMA DE SENSIBILIZACIÓN Y DE TRANSFORMACIÓN DE LA SOCIEDAD GLOBAL)

LOS ODS Y EL ARTE

(COMO FORMA DE SENSIBILIZACIÓN Y DE TRANSFORMACIÓN DE LA SOCIEDAD GLOBAL)

Director
Alfonso Ortega Giménez

Autores
Esther Alonso García
Yohan Andrés Campos Martínez
M.ª Elena Cobas Cobiella
Antonio J. Quesada Sánchez
Nuria Reche Tello
Alfredo Islas Colín
Belén Andrés Segovia
Lorena Sales Pallarés
Manuel Ramon Rives Fulleda
Lerdys Heredia Sánchez
Egla Cornelio Landero
Ada Lucía Mariscal González
Albert Ruda González
Fernando Hernández Guijarro
Pablo M. Melgarejo Cordón
Alfonso Ortega Giménez
Lucas Andres Pérez Martin

COLEX 2025

© Editorial Colex, S.L.
Calle Costa Rica, número 5, 3.º B (local comercial)
A Coruña, 15004, A Coruña (Galicia)
info@colex.es
www.colex.es

I.S.B.N.: 978-84-1194-848-7
Depósito legal: C 43-2025

Diseño de portada

VICENTE JAVIER PÉREZ VALERO

Profesor Permanente Laboral de Arte de la Universidad Miguel Hernández de Elche (Alicante)-España.

Publicación realizada en el marco del Programa ODS EDUCATIVOS-UMH 2023/2024, iniciativa del Vicerrectorado de Estudios de la Universidad Miguel Hernández de Elche, cuyo objetivo es potenciar la generación de recursos didácticos que permitan al estudiantado adquirir competencias de carácter transversal, en relación al respeto a los derechos humanos y derechos fundamentales, a los valores democráticos, a la igualdad de género, a los principios de accesibilidad universal y al tratamiento de la sostenibilidad y el cambio climático, alineándose así con el Real Decreto 822/2021, particularmente en lo referido en los puntos 2 y 3 del artículo 4, cuando expone que los planes de estudio de los títulos universitarios oficiales deberán tener como referente los principios y valores democráticos y los Objetivos de Desarrollo Sostenible.

Autores

ESTHER ALONSO GARCÍA - ODS 1

Profesora Asociada de Derecho internacional privado de la Universidad Miguel Hernández de Elche (Alicante)-España. Funcionaria de carrera del Instituto Nacional de la Seguridad Social. Especialista en Derecho de Extranjería y violencia de género y miembro de la Mesa asesora del Observatorio Provincial de la Inmigración de Alicante. Inscrita en el Registro de Mediadores Interculturales de la Comunitat Valenciana, con el número registral ARMI215.

YOHAN ANDRÉS CAMPOS MARTÍNEZ - ODS 2

YOHAN ANDRÉS CAMPOS MARTÍNEZ, Profesor Contratado Doctor Interino, en el área de Derecho Financiero y Tributario en la Facultad de Ciencias Jurídicas y Sociales de la UCLM en la ciudad de Toledo. Miembro del Centro Internacional de Estudios Fiscales (CIEF-UCLM), adscrito a la UCLM, desde donde ha venido colaborando en proyectos de investigación relacionados con la tributación de la economía digital, el cumplimiento tributario cooperativo y sobre la Administración electrónica y el uso de las herramientas de inteligencia artificial en el ámbito tributario.

M.ª ELENA COBAS COBIELLA - ODS 3

Profesora Titular de Derecho Civil de la Universitat de València (España). Licenciada en Derecho en la Universidad de la Habana en 1983. Profesora de la Facultad de Derecho, Departamento Civil, Universidad de la Habana, Cuba: 1983-1999.Catedrática de Derecho Civil, Facultad de Derecho, Universidad de la Habana, Cuba. 1996. Notario en Cuba.1992-1998. Catedrática de la Escuela de Salud Pública del Ministerio de Salud Pública de Cuba en el área de master y postgrados. 2000- 2001. Dra en Derecho Civil por la Universidad de Valencia. España. Master en Derecho Privado por la Fundación ADEIT y Universidad de Valencia. España.2004. Autora y directora de numerosos artículos y publicaciones a nivel nacional e internacional. Directora de diversos Proyectos de innovación educativa.

ANTONIO J. QUESADA SÁNCHEZ - ODS 4

Profesor Titular de Derecho Civil de la Universidad de Málaga-España. Su curriculum profesional está vertebrado en torno a publicaciones relacionadas con su disciplina, así como conferencias y participaciones en Congresos (nacionales e internacionales), entre otros méritos. Sus líneas de investigación esenciales son el contrato de sociedad y sus variantes, discapacidad, responsabilidad civil, préstamos hipotecarios, derecho ambiental, libertad de creación, análisis jurídico de películas y obras literarias y capacidad de las personas, entre otras. Ha coordinado diversos proyectos sobre Derecho y Cine y es Director de la Colección Científica «Cultura y Derecho», de Editorial Colex, así como de la Revista Científica «Cultus et Ius».

NURIA RECHE TELLO - ODS 5

Profesora Ayudante Doctora de Derecho constitucional, acreditada Contratada Doctora, de la Universidad Miguel Hernández de Elche (Alicante)-España. Coordinadora de Estudiantes, Igualdad y Diversidad de la Facultad de Ciencias Sociales y Jurídicas de Elche. Secretaria de la Red Feminista de Derecho Constitucional.

ALFREDO ISLAS COLÍN - ODS 6

Profesor de la Universidad Juárez Autónoma de Tabasco (México). Investigador Nacional, CONACYT-SNI-3.

BELÉN ANDRÉS SEGOVIA - ODS 7

Profesora Ayudante Doctora de Derecho Administrativo en la Universitat Jaume I de Castellón (UJI)-España.

LORENA SALES PALLARÉS - ODS 8

Profesora Titular de Derecho internacional privado de la Universidad. Universidad de Castilla-La Mancha (UCLM). Es coordinadora adjunta de la Red Empresas y Derechos Humanos. Incidencia especial en el extractivismo y los acaparamientos de tierra y agua (REDH-EXATA). Especializada en Litigación Internacional y en Empresas y Derechos Humanos con posgrados en ambas materias.

MANUEL RAMON RIVES FULLEDA - ODS 9

Abogado. Codirector de la Cátedra de relaciones privadas internacionales UMH-Ilustre Colegio de Abogados de Orihuela (Alicante)-España. Master en Propiedad Intelectual y Nuevas Tecnologías, Master en Derecho Digital, Master en Protección de Datos. Delegado de Protección de Datos (DPO). Diputado 2º del Ilustre Colegio de Abogados de Orihuela. Ex consejero del Consejo Valenciano de la Comunidad Valenciana.

LERDYS HEREDIA SÁNCHEZ - ODS 10

Doctora en Derecho por la Universidad Miguel Hernández de Elche (2022), Mención Cum Laude por unanimidad. Licenciada en Derecho por la Universidad de Oriente, con Título de Oro, Cuba, (1993) y por la Universidad de Alicante (2000, Homologación de Título Universitario Extranjero). Es Master en Propiedad Industrial e Intelectual y Sociedad de la Información por la Universidad de Alicante, (1996) Experta en Tecnología Educativa por la Universidad Miguel Hernández de Elche, 2021. En la actualidad es Profesora Ayudante Doctora de Derecho Internacional privado de la Universidad Miguel Hernández de Elche, Secretaria de la Cátedra de Relaciones Privadas Internacionales UMH-ICAO y docente del Master de Acceso a la Abogacía y la Procura UMH-ICAE.

EGLA CORNELIO LANDERO - ODS 11

Profesora Investigadora de la Universidad Juárez Autónoma de Tabasco, México

Investigadora del CONAHCYT NIVEL 1.

ADA LUCÍA MARISCAL GONZÁLEZ - ODS 12

Personal Investigador en Formación, Doctoranda en Derecho internacional privado de la Universidad de Las Palmas de Gran Canaria (ULPGC) Islas Canarias-España.

ALBERT RUDA GONZÁLEZ - ODS 13

Profesor agregado de Derecho civil de la Universitat de Girona.

FERNANDO HERNÁNDEZ GUIJARRO - ODS 14

Profesor Titular de Derecho Tributario de la Universitat Politècnica de València (Valencia)-España. Abogado y Economista no ejerciente. Trabajó en despachos de prestigio como Garrigues y Arco Abogados y Asesores Tributarios. Autor de varias obras sobre Derecho Financiero y Tributario.

PABLO M. MELGAREJO CORDÓN - ODS 15

Pablo M. Melgarejo Cordón es profesor contratado predoctoral de Derecho internacional privado de la Universidad de Granada. Autor de distintos capítulos de libro en editoriales de alto impacto, de artículos en revistas posicionadas y coordinador de varias obras. IP de un proyecto de la Universidad de Granada sobre Inteligencia Artificial y Derecho.

ALFONSO ORTEGA GIMÉNEZ - Presentación y ODS 16

Profesor Titular de Derecho internacional privado de la Universidad Miguel Hernández de Elche (Alicante)-España. Vicedecano del Grado en Derecho UMH. Director del Máster Universitario en Abogacía UMH-ICAE-ICPE. Director de la Cátedra de Relaciones Privadas Internacionales UMH-ICAO. Director del Observatorio Provincial de la Inmigración de Alicante. Socio-Director de COEX INTERNATIONAL TRADE (spin-off de la UMH).

LUCAS ANDRES PÉREZ MARTIN - ODS 17

Profesor de Derecho internacional privado de la Universidad de Las Palmas de Gran Canaria (ULPGC) Islas Canarias-España.

SUMARIO

PRESENTACIÓN

1

PONER FIN A LA POBREZA EN TODAS SUS FORMAS EN TODO EL MUNDO

2

PONER FIN AL HAMBRE, LOGRAR LA SEGURIDAD ALIMENTARIA Y LA MEJORA DE LA NUTRICIÓN Y PROMOVER LA AGRICULTURA SOSTENIBLE

3

GARANTIZAR UNA VIDA SANA Y PROMOVER EL BIENESTAR PARA TODOS EN TODAS LAS EDADES

4

GARANTIZAR UNA EDUCACIÓN INCLUSIVA, EQUITATIVA Y DE CALIDAD Y PROMOVER OPORTUNIDADES DE APRENDIZAJE DURANTE TODA LA VIDA PARA TODOS

5

LOGRAR LA IGUALDAD ENTRE LOS GÉNEROS Y EMPODERAR A TODAS LAS MUJERES Y LAS NIÑAS

6

GARANTIZAR LA DISPONIBILIDAD DE AGUA Y SU GESTIÓN SOSTENIBLE Y EL SANEAMIENTO PARA TODOS

7

GARANTIZAR EL ACCESO A UNA ENERGÍA ASEQUIBLE, SEGURA, SOSTENIBLE Y MODERNA PARA TODOS

8

PROMOVER EL CRECIMIENTO ECONÓMICO SOSTENIDO, INCLUSIVO Y SOSTENIBLE, EL EMPLEO PLENO Y PRODUCTIVO Y EL TRABAJO DECENTE PARA TODOS

9

CONSTRUIR INFRAESTRUCTURAS RESILIENTES, PROMOVER LA INDUSTRIALIZACIÓN INCLUSIVA Y SOSTENIBLE Y FOMENTAR LA INNOVACIÓN

10

REDUCIR LA DESIGUALDAD EN Y ENTRE LOS PAÍSES

11

LOGRAR QUE LAS CIUDADES Y LOS ASENTAMIENTOS URBANOS SEAN INCLUSIVOS, SEGUROS, RESILIENTES Y SOSTENIBLES

12

GARANTIZAR MODALIDADES DE CONSUMO Y PRODUCCIÓN SOSTENIBLES

13

ADOPTAR MEDIDAS URGENTES PARA COMBATIR EL CAMBIO CLIMÁTICO Y SUS EFECTOS

14

CONSERVAR Y UTILIZAR EN FORMA SOSTENIBLE LOS OCÉANOS, LOS MARES Y LOS RECURSOS MARINOS PARA EL DESARROLLO SOSTENIBLE

15

PROTEGER, RESTABLECER Y PROMOVER EL USO SOSTENIBLE DE LOS ECOSISTEMAS TERRESTRES, GESTIONAR LOS BOSQUES DE FORMA SOSTENIBLE, LUCHAR CONTRA LA DESERTIFICACIÓN, DETENER E INVERTIR LA DEGRADACIÓN DE LAS TIERRAS Y PONER FRENO A LA PÉRDIDA DE LA DIVERSIDAD BIOLÓGICA

16

PROMOVER SOCIEDADES PACÍFICAS E INCLUSIVAS PARA EL DESARROLLO SOSTENIBLE, FACILITAR EL ACCESO A LA JUSTICIA PARA TODOS Y CREAR INSTITUCIONES EFICACES, RESPONSABLES E INCLUSIVAS A TODOS LOS NIVELES

17

FORTALECER LOS MEDIOS DE EJECUCIÓN Y REVITALIZAR LA ALIANZA MUNDIAL PARA EL DESARROLLO SOSTENIBLE

PRESENTACIÓN

Los 17 Objetivos de Desarrollo Sostenible (ODS) tienen metas específicas a fin de alcanzarse en el año 2030 y exigen una transformación de los sistemas financieros, económicos y políticos que rigen hoy en nuestra sociedad para garantizar los derechos humanos de todos. El arte no se menciona explícitamente en la Agenda 2030 pero sí se reconoce el importante papel que desempeñan la cultura y las artes en la promoción del desarrollo sostenible. El arte tiene el poder de mejorar nuestras vidas de muchas maneras, tanto individual como colectivamente, y, por lo tanto, no podemos obviar la capacidad que posee para la culminación de los ODS ya que los artistas, las organizaciones artísticas y las culturales aportan su experiencia, creatividad y recursos para avanzar en los objetivos de desarrollo sostenible y crear un cambio social positivo.

Los ODS sostenible son el plan maestro para conseguir un futuro sostenible para todos. Se interrelacionan entre sí e incorporan los desafíos globales a los que nos enfrentamos día a día, como la pobreza, la desigualdad, el clima, la degradación ambiental, la prosperidad, la paz y la justicia. Para no dejar a nadie atrás, es importante que logremos cumplir con cada uno de estos objetivos para 2030. Si quieres saber más sobre algún tema u objetivo en especial, pincha sobre el objetivo que te interese.

La Asamblea General de la ONU adoptó la Agenda 2030 para el Desarrollo Sostenible, un plan de acción a favor de las personas, el planeta y la prosperidad, que también tiene la intención de fortalecer la paz universal y el acceso a la justicia. Los Estados miembros de la Naciones Unidas aprobaron una resolución en la que reconocen que el mayor desafío del mundo actual es la erradicación de la pobreza y afirman que sin lograrla no puede haber desarrollo sostenible.

La Agenda plantea 17 Objetivos con 169 metas de carácter integrado e indivisible que abarcan las esferas económica, social y ambiental. La nueva estrategia regirá los programas de desarrollo mundiales durante los próximos 15 años. Al adoptarla, los Estados se comprometieron a movilizar los medios necesarios para su implementación mediante alianzas centradas especialmente en las necesidades de los más pobres y vulnerables. Los 17 Objetivos de la Agenda se elaboraron en más de dos años de consultas públicas, interacción con la sociedad civil y negociaciones entre los países.

La Agenda implica un compromiso común y universal, no obstante, puesto que cada país enfrenta retos específicos en su búsqueda del desarrollo sostenible, los Estados tienen soberanía plena sobre su riqueza, recursos y actividad económica, y cada uno fijará sus propias metas nacionales, apegándose a los ODS. Además de poner fin a la pobreza en el mundo, los ODS incluyen, entre otros puntos, erradicar el hambre y lograr la seguridad alimentaria; garantizar una vida sana y una educación de calidad; lograr la igualdad de género; asegurar el acceso al agua y la energía; promover el crecimiento económico sostenido; adoptar medidas urgentes contra el cambio climático; promover la paz y facilitar el acceso a la justicia.

Fuente: https://www.un.org/sustainabledevelopment/es/2015/09/la-asamblea-general-adopta-la-agenda-2030-para-el-desarrollo-sostenible/

Además, el arte tiene el poder de comunicar ideas y mensajes complejos de una manera atractiva: crear conciencia sobre los problemas relacionados con los ODS, como son la pobreza, la desigualdad, la degradación del medio ambiente y el cambio climático. En este sentido, son muchos los artistas que participan activamente en la lucha contra el cambio climático, destaca Olafur Elliason, conocido por sus instalaciones a gran escala que exploran la relación entre los humanos y su entorno. Una de sus piezas más conocidas es *«Ice Watch»,* creada en colaboración con el geólogo Minik Rosing y que consistía en 12 grandes bloques de hielo dispuestos en una formación de reloj, en París. Los bloques de hielo, procedían de un fiordo en Groenlandia y se habían roto debido al cambio climático. Sus creadores querían crear una experiencia real a los espectadores, permitiéndoles ver y tocar los bloques de hielo y conectar así, con la realidad del derretimiento del Ártico.

En definitiva, el arte puede ayudar a las personas a visualizar los impactos del cambio a través de otras manifestaciones como la pintura; donde los artistas representan los efectos del aumento de las temperaturas, los fenómenos meteorológicos extremos, las migraciones forzadas; **el arte como terapia es un medio para alcanzar la salud y el bienestar de la población; promover y apoyar el trabajo de las mujeres creadoras es contribuir a conseguir la igualdad de género.**

De esta manera, se crea un sentido de empatía y conexión emocional que pueden motivarnos a preocuparnos de manera activa por el problema planteado y tomar medidas para hacerle frente.

En la actualidad vemos que los museos también se están comprometiendo con el cumplimiento de los ODS:

1. Museo Nacional Thyssen-Bornemisza, Madrid: Este museo ha mostrado su compromiso con los ODS a través de la organización de exposiciones y actividades relacionadas con temas como el cambio climático, la igualdad de género y la sostenibilidad.

2. Museo Nacional del Prado, Madrid: El Prado ha desarrollado programas educativos y exposiciones que abordan temas relacionados con los ODS, como la conservación del patrimonio cultural y la promoción de la igualdad de género.

3. Museo Nacional de Arte Reina Sofía, Madrid: Este museo ha organizado exposiciones y actividades que abordan temas relacionados con los ODS, como la migración, la justicia social y la sostenibilidad.

4. Museo Guggenheim Bilbao: Este museo ha demostrado un compromiso con los ODS a través de la organización de exposiciones y actividades relacionadas con la sostenibilidad, la igualdad de género y la diversidad cultural.

El arte y la cultura, en sentido general, juegan un papel de gran relevancia ya que el arte se ha convertido en una herramienta de transformación a través de la cual alcanzar cada uno de los 17 ODS, lo que demuestra su relevancia más allá de su particularidad. Si observamos la realidad social del siglo XXI, verificamos que los proyectos artísticos contribuyen a mejorar la sociedad.

Así las cosas, *Los ODS y el Arte (como forma de sensibilización y de transformación)* pretende hacer reflexionar sobre los valores y actitudes que hacen posible la convivencia y la paz entre las personas. Se busca, a través del Arte transferir a la sociedad el conocimiento sobre los ODS y la propuesta es hacerlo a través de la relación entre los 17 ODS y diferentes obras de arte pictóricas, con la idea de promover mediante la enseñanza y la educación, el respeto a estos derechos y libertades, y tratar de asegurar su reconocimiento y aplicación universales y efectivos. La idea es elaborar una publicación en formato papel y en formato digital de acceso abierto con la una prestigiosa editorial del campo de las Ciencias sociales y jurídicas, convirtiéndose en una herramienta útil y práctica para el fomento del conocimiento de los ODS entre el estudiantado de la UMH y, en general, todos los estamentos de la sociedad.

Elche (Alicante), enero 2025.

Alfonso Ortega Giménez

1 FIN DE LA POBREZA

Joan Miró I Ferrà

(Barcelona, 1893 – Palma de Mallorca, 1983)

- Lápiz sobre papel.
- Medidas: 23 x 13,6 cm.; 54 x 43 cm. (marco).
- Procedencia: Colección particular.

1

PONER FIN A LA POBREZA EN TODAS SUS FORMAS EN TODO EL MUNDO

I. Detalles destacados de la obra y de su autor

Este dibujo pertenece a una época de plenitud vital para Joan Miró, quien en su ancianidad seguirá hondamente comprometido con la lucha antifranquista hasta el final de la dictadura. Por entonces había viajado a Japón y la influencia de la filosofía oriental impregna cada vez más su plástica.

Joan Miró se forma en Barcelona, entre la Escuela de la Lonja y la Academia Galí. Ya en la temprana fecha de 1918 realiza su primera exposición, en las Galerías Dalmau de Barcelona. En 1920 se traslada a París y se encuentra con Picasso, Raynal, Max Jacob, Tzara y los dadaístas. Allí, bajo la influencia de los poetas y pintores surrealistas, va madurando su estilo; trata de trasponer a lo visual la poesía surrealista, basándose en la memoria, la fantasía y lo irracional. Desde este momento su estilo inicia una evolución que le lleva a obras más etéreas, en las que las formas y las figuras orgánicas se reducen a puntos, líneas y manchas de color abstractos. En 1924 firma el primer manifiesto surrealista, aunque la evolución de su obra, demasiado compleja, no permite adscribirle a ninguna ortodoxia determinada. Su tercera exposición en París, en 1928, supone su primer gran triunfo: el Museo de Arte Moderno de Nueva York adquiere dos obras suyas. Regresa a España en 1941, y ese mismo año dicho museo le dedica una retrospectiva que supondrá su definitiva consagración internacional. Durante la década de los cincuenta experimentó con otros medios artísticos, como el grabado, la litografía y la cerámica. Desde 1956 y hasta su muerte, en 1983, reside en Palma de Mallorca en una suerte de exilio interior, mientras crece su fama internacional. A lo largo de su vida recibió numerosos premios, como los Grandes Premios de la Bienal de Venecia de 1954 y de la Fundación Guggenheim en 1959, el Carnegie de Pintura en 1966, las Medallas de Oro de la Generalitat de Cataluña (1978) y de las Bellas Artes (1980), y fue nombrado Doctor Honoris Causa por las universidades de Harvard y Barcelona. En la actualidad su producción puede contemplarse en la Fundación Joan Miró de Barcelona, inaugurada en 1975, así como en los principales museos de arte contemporáneo de todo el mundo, como el Thyssen-Bornemisza, el MoMA de Nueva York, el Museo Reina Sofía de Madrid, la National Gallery de Washington, el MNAM de París o la Albright-Knox Art Gallery de Buffalo.

II. Comentario general

Joan Miró en la fase posterior a su adhesión parcial al movimiento surrealista, estudió nuevas formas de representación, para ir más allá de los modelos establecidos. Durante esta fase, la pintura se vació del elemento figurativo, dejando amplio espacio a fondos monocromos y figuras estilizadas, a veces acompañadas de inscripciones, como es el caso. El vínculo con la tierra y el interés por los objetos cotidianos y por el entorno natural serán el trasfondo de algunas de sus investigaciones técnicas y formales. Miró huye del academicismo, a la búsqueda constante de una obra global y pura, no adscrita a ningún movimiento determinado. Contenido en las formas y en las manifestaciones públicas, es a través del hecho plástico donde Joan Miró muestra su rebeldía y una gran sensibilidad por los acontecimientos políticos y sociales que lo rodean. Fue uno de los artistas europeos más importantes del siglo XX y dedicó su vida a experimentar con nuevas técnicas y a buscar un lenguaje universal que pudiera ser comprendido inmediatamente por todo el mundo.

Desde mi perspectiva, en un primer momento el dibujo me transmite serenidad y estabilidad, ya que, se observan diferentes elementos relacionados con la simetría y la globalidad, que se mezclan guardando un orden establecido. En el mismo, se pueden observar dos figuras simétricas, estilizadas que podemos interpretar como la figura de un hombre y una mujer cogidos de la mano, lo cual representaría la unión de las personas. Por otra parte, el círculo trazado en la parte superior de las figuras representaría el mundo, reflejando la necesidad de la unión de todas las personas a fin de que, mediante la colaboración y cooperación puedan alcanzarse objetivos comunes. Por último, la estrella dibujada en la parte superior izquierda podría simbolizar las pautas e instrucciones que han de seguirse mediante la implicación de todas las personas para alcanzar el objetivo perseguido logrando con ello un mundo más justo e igualitario.

Tras el análisis del dibujo me traslada a los Objetivos de Desarrollo Sostenible de la Agenda 2030 y concretamente al ODS 1: «Fin de la pobreza». Este primer ODS de la Agenda está íntimamente relacionado con el resto de los 16 objetivos y se puede calificar claramente como ambicioso y fundamental, ya que, para lograr el cumplimiento del resto, una de las principales necesidades es erradicar la pobreza, la cual es la fuente principal de injusticias y desigualdades entre las personas, que conllevan a una carencia e incluso inexistencia de recursos básicos, que acaban convirtiéndose en numerosos conflictos sociales, políticos e ideológicos en los distintos territorios. Por tanto, erradicar la pobreza se trata de un objetivo fundamental de la Agenda 2030 para el desarrollo sostenible y el mayor desafío al que se enfrenta el mundo actual.

La pobreza en el mundo es una lucha con la que se lleva trabajando desde los distintos países desde hace décadas. A lo largo de estos años, a través de la cooperación mundial se han unido fuerzas para erradicar la pobreza, y aunque gracias a esta labor, el número de personas afectadas se ha reducido a la mitad desde el año 2000, no ha sido suficiente para lograr su extinción, produciéndose en los últimos años una desaceleración en la reducción de la pobreza mundial y máxime teniéndose en cuenta situaciones imprevisibles que en los últimos años están aconteciendo, como ha sido el paso de una pandemia con gran impacto a nivel económico y los distintos conflictos bélicos que se están produciendo. Según las Naciones Unidas, se entiende por pobreza extrema, el hecho de vivir con menos de 1,25 dólares por persona al día y de los últimos datos oficiales, de 2022, son 712 millones de personas en todo el mundo los que viven en esta situación.

El Pacto Mundial de las Naciones Unidas, aunque ha señalado que, en España, la pobreza extrema está superada, continúan presentes graves problemas de pobreza en nuestro país, las cuales afectan especialmente a la infancia cuya atención es imperativa según señala el Alto Comisionado para la Agenda 2030. Que el 21,6 % de la población española viva por debajo del umbral nacional de la pobreza o que los hogares con menores de 18 años sufran mayor riesgo de exclusión social que el promedio nacional, son algunos de los datos que esbozan la realidad de las personas en situaciones de pobreza en España. Son cifras que se repiten en muchos países.

Es importante destacar que la pobreza no solo debemos entenderla como la carencia de medios económicos, ya que abarca otros muchos campos de vital importancia como son entre otros, la pobreza energética, la nutrición, el acceso a la educación, la salud, la vivienda, el agua y saneamientos, el desempleo, la exclusión social, la desigualdad de género, cambio climático y la alta vulnerabilidad de ciertas poblaciones ante desastres, enfermedades y otros fenómenos que les impiden ser productivas.

Actualmente, existen 1.200 millones de personas en 111 países que viven en lo que la ONU denomina situación de pobreza multidimensional, lo que constituye casi el doble del número de personas bajo el umbral de pobreza monetaria que marca el Banco Mundial.

Las desigualdades son grandes obstáculos para el crecimiento económico y perjudican la cohesión social, lo que conlleva malestares políticos y sociales y en algunos casos, genera inestabilidades y conflictos que afectan de manera directa o indirecta al bienestar del resto de países, ya que no debemos olvidar que el bienestar propio implica el del resto. Para lograr erradicar la pobreza es imprescindible la implicación, colaboración y cooperación total, no solo de los Estados mediante la elaboración de normativas y adopción de medidas conjuntas en la lucha y que garanticen unos recursos mínimos dignos a sus ciudadanos, sino también de todos los individuos y hablamos de individuo en términos amplios, es decir, refiriéndonos a la ciudadanía, gobiernos, partidos políticos, administraciones públicas, agentes sociales, empresas y sector privado.

Por ello, el fin de la pobreza en todas sus formas promueve no solo la consecución del resto de objetivos de desarrollo sostenible, así como el pleno disfrute y efectividad de los derechos humanos y libertades fundamentales de todas las personas sino, también y principalmente un estado de bienestar pleno y real, es decir, un mundo equitativo, justo e igualitario para todos.

III. Apunte final

Por tanto y para concluir, tras la interpretación del dibujo, el cual me evoca al primer objetivo de desarrollo sostenible, de la Agenda 2030, para lograr poner fin a la pobreza en todas sus formas en todo el mundo, es necesaria la colaboración efectiva de todos los Estados mediante la adopción de normativas comunes que fomenten la cooperación internacional al desarrollo de los países más desfavorecidos, establezcan medidas que permitan mejorar la situación de las personas más vulnerables y establezcan sistemas sólidos de protección social que garanticen las necesidades y recursos básicos evitando con ello, que muchas personas queden desprotegidas y caigan en la pobreza. Y al mismo tiempo, estos sistemas de protección han de ser universales y sostenibles en el tiempo, ya que erradicar la pobreza es una lucha larga, constante y adaptable a las necesidades sociales de cada momento. Y, por otra parte, de igual modo, es necesaria en la lucha contra la pobreza, la implicación y participación del conjunto de la ciudadanía, mediante la propuesta a los gobiernos de políticas inclusivas que contribuyan a mejorar la situación y el acceso y mantenimiento de los recursos básicos de los países y personas más vulnerables.

Pues bien, aunque en un primer momento el fin de la pobreza pueda parecer una utopía, en realidad no lo es, ya que, con la implicación real y efectiva de todos, la cooperación internacional, la implantación de políticas inclusivas y la ejecución de las medidas necesarias puede llegar a alcanzarse.

2 HAMBRE CERO

Victor Vasarely

(Pécs, Hungría 1906 – París, Francia 1997)

«Plural», 1985

- Litografía sobre papel Arches. Ejemplar 190/1500.
- Medidas: 28,5 x 21,7 cm.
- Procedencia: Colección particular.

2

PONER FIN AL HAMBRE, LOGRAR LA SEGURIDAD ALIMENTARIA Y LA MEJORA DE LA NUTRICIÓN Y PROMOVER LA AGRICULTURA SOSTENIBLE

I. Detalles destacados de la obra y de su autor

Considerado padre del Op Art, Víctor Vasarely inició su formación artística en la escuela de Muheely, fundada en Budapest por un alumno de la Bauhaus. Afincado en París desde 1930, allí realizaría la que hoy día es considerada como primera obra Op Art, «Zebra» (1937). En Paría trabajó como creador gráfico para agencias de publicidad. Durante este periodo su estilo artístico vario desde la expresión figurativa, hacia un tipo de arte abstracto constructivo y geométrico, interesándose en la representación de la perspectiva sin puntos de fuga. Entre 1936 y 1948 participó regularmente en el Salón de los Surindependientes y en el Salón de las Nuevas Realidades. A partir de 1948 expuso habitualmente en la galería Denise René. En los años cincuenta su obra se acercó al uso de nuevos materiales y soportes como por ejemplo el aluminio o el cristal. Del mismo modo que comenzó a realizar obras de integración con el espacio, como Homenaje a Malevich. En los años sesenta participó en numerosas exposiciones colectivas, como The Responsive Eye del Museo de Arte Moderno de Nueva York, así como individuales en Europa y América. De entre los numerosos galardones que obtuvo a lo largo de su vida, destacan especialmente el Premio Guggenheim (1964), el Art Critics de Bruselas y la medalla de oro en la Trienal de Milán. Asimismo, en 1970 fue nombrado Caballero de la Orden de la Legión de Honor. Está representado en los museos que se le dedicaron en Aix-en-Provence, Pécs y Budapest, pero también en los centros de arte contemporáneo más importantes del mundo, como la Tate

Gallery de Londres, el MoMA de Nueva York, el Guggenheim de Venecia o el Reina Sofía de Madrid.

II. Comentario general

El Objetivo de Desarrollo Sostenible N.° 2 (ODS 2), *«Poner fin al hambre, lograr la seguridad alimentaria y la mejora de la nutrición y promover la agricultura sostenible»*, forma parte de la Agenda 2030 de las Naciones Unidas, un conjunto de objetivos globales para alcanzar un desarrollo más equitativo y sostenible. Este objetivo aborda desafíos esenciales para la humanidad, incluyendo la erradicación del hambre, la mejora de la nutrición y la creación de sistemas agrícolas sostenibles que respondan a la demanda de una población en crecimiento.

En un mundo caracterizado por la sobreexplotación de los recursos naturales, en donde se estima que estamos consumiendo una cantidad de recursos ecológicos equivalentes a 1,7 planetas tierra[1], y por un alto nivel de desigualdad en el acceso a bienes básicos que, a pesar de haberse reducido en un 40 % desde el 2010 a la fecha, alcanza a 700 millones de persona que viven en la pobreza extrema[2], el ODS 2 se erige como un llamado urgente para poner fin a una de las barreras más significativas para el desarrollo de los estados, garantizar que todas las personas tengan acceso a suficientes alimentos nutritivos y de calidad.

A pesar de los avances económicos y tecnológicos que permiten una producción agrícola sin precedentes, esta abundancia coexiste de manera paradójica con graves niveles de hambre y malnutrición en vastas regiones del planeta. Esta contradicción es alarmante. Mientras en ciertos territorios del mundo parece que se producen suficientes alimentos para abastecer a la población global y los objetivos se enfocan a evitar el desperdicio alimentario (caso del enfoque euro-

1 En ese sentido, la organización Global Foot Print Network en https://www.footprintnetwork.org/

2 Así, lo explica el Banco Mundial en https://www.bancomundial.org/es/news/feature/2023/12/18/2023-in-nine-charts-a-growing-inequality

peo), en otros, millones de personas carecen de acceso a ellos, o, pudiendo acceder a ciertos alimentos, estos no tienen la suficiente calidad nutricional.

Estas contradicciones ocurren con ocasión a una combinación de factores que exacerban la problemática. Dentro de ellos, podemos incluir, entre muchos otros, conflictos bélicos y políticos en diversas regiones, el cambio climático, el surgimiento de barreras económicas, ineficiencias en los sistemas de distribución, políticas agrícolas que priorizan la rentabilidad sobre la sostenibilidad y que terminan generando mayores desigualdades.

En ese sentido, la obra de Vasarely nos puede ofrecer una perspectiva singular de esta paradoja. El autor, a través de un lenguaje visual en el que hace uso de geometrías coloridas y complejas, parece evocar la diversidad y la interconexión de los sistemas complejos que componen nuestro mundo. De su obra, podríamos encontrar una representación abstracta de los retos multidimensionales que pretende confrontar la ODS 2. La variedad de formas y patrones que Varsarely nos ofrece en «Plural» pueden ser un reflejo de la necesaria interdependencia de todos aquellos factores que deben converger para alcanzar sistemas alimentarios sostenibles y resilientes. Sistemas, en donde la cooperación y el equilibrio entre los diversos factores habrán de ser necesarios para abordar desafíos como el hambre y la sostenibilidad.

Es así como, dentro del ODS 2 se destaca la necesidad de replantear los sistemas de producción alimentaria para que no solo aumenten la disponibilidad de alimentos, sino que también lo hagan de una manera equitativa y sostenible. Esto implica una transición hacia prácticas agrícolas resilientes que respeten el equilibrio ecológico, reduzcan la huella de carbono y favorezcan a los pequeños productores, quienes desempeñan un rol esencial en la seguridad alimentaria mundial. Este objetivo no solo aspira a erradicar el hambre, sino a lograrlo mediante sistemas agrícolas que protejan y regeneren los recursos naturales, reconociendo que una producción sostenible y responsable es el único camino hacia un futuro en el que todos puedan satisfacer sus necesidades básicas sin comprometer el bienestar de las generaciones futuras.

Para alcanzar dicho objetivo general, el ODS 2 plantea 5 grandes metas:

- Poner fin al hambre y asegurar el acceso de todas las personas a alimentos seguros, nutritivos y suficientes durante todo el año:

Esta meta busca eliminar el hambre garantizando que todas las personas, especialmente las más vulnerables, tengan acceso regular a alimentos adecuados. Para ello, se plantea una expansión de los programas de ayuda alimentaria en comunidades y países en situación de inseguridad alimentaria aguda; hacer que los sistemas de distribución sean más eficientes con el objetivo de reducir la pérdida de alimentos y mejoren el acceso en áreas rurales y urbanas; ofrecer un mejor acceso a subsidios y apoyo a los sectores más vulnerables (como los agricultores familiares y los pequeños productores) para que puedan mejorar su producción y calidad de vida y; canalizar muchas de estas políticas a través de gobiernos y organizaciones internacionales, los cuales vienen implementando iniciativas como comedores comunitarios, subsidios alimentarios, y programas de ayuda económica.

- Erradicar todas las formas de malnutrición, incluidas la desnutrición infantil y la anemia en mujeres y adolescentes: El objetivo se centra en reducir la malnutrición en sus diversas formas, con un enfoque especial en los grupos vulnerables, como los niños, las mujeres embarazadas y los adolescentes. Para ello, los esfuerzos se orientan al fomento de programas de suplementación alimentaria y de micronutrientes para poblaciones en riesgo; de promoción de la lactancia materna como una práctica clave para la salud infantil, ya que mejora significativamente la nutrición y fortalece el sistema inmunológico y; de educación nutricional en comunidades para promover dietas balanceadas y culturalmente apropiadas. Todo ello, haciendo uso de los programas de monitoreo de la salud y nutrición infantil que ofrecen los diferentes gobiernos, a través de los cuales brindan suplementos y educación para reducir la anemia, la deficiencia de vitaminas y la desnutrición crónica.
- Duplicar la productividad agrícola y los ingresos de los pequeños productores: Esta meta parte por reconocer la importancia de mejorar la seguridad alimentaria y reducir la pobreza rural, a través del incentivar una mayor productividad agrícola, especialmente de los pequeños productores. Para alcanzar este fin, se promueven diversas medidas, tales como, el acceso a semillas mejoradas, fertilizantes y herramientas agrícolas modernas que favorezcan a los pequeños agricultores (especialmente mujeres y explotaciones familiares); mejorar la capacitación en prácticas agrícolas sostenibles, mediante la enseñanza de

métodos de cultivo resilientes al cambio climático y adaptados a las condiciones locales, que ayuden a mejorar su productividad; fortalecer los vínculos de los pequeños agricultores con mercados locales e internacionales y mejorar el acceso a financiamiento y seguros agrícolas para reducir riesgos. Lo anterior, animando a los gobiernos y organizaciones internacionales al fortalecimiento de programas de subsidios, financiación (microcréditos) y centros de formación agrícola.

- Asegurar la sostenibilidad de los sistemas de producción de alimentos y adoptar prácticas agrícolas resilientes: Para esta meta, el cambio climático y la degradación ambiental son amenazas significativas para la agricultura. Por ende, se centra en establecer sistemas agrícolas sostenibles que protejan los recursos naturales, a través de la promoción de prácticas de agricultura regenerativa y agroecología, que permitan restaurar el suelo, conservar el agua y aumentar la biodiversidad, creando sistemas de cultivo que son más resilientes al cambio climático; permitir la inversión en tecnologías de agricultura inteligente, facilitando el acceso a innovaciones como el riego por goteo, el uso de sensores para monitorear la salud del suelo y el uso de semillas resistentes a condiciones extremas que ayudan a reducir el impacto ambiental de la agricultura e; incentivar medidas para la conservación del suelo y el agua como la rotación de cultivos y la conservación de la vegetación nativa. Nuevamente, la intervención de los gobiernos implementando subsidios y beneficios fiscales a los agricultores que implementan están prácticas sostenibles va a ser clave.

- Mantener la diversidad genética de semillas, plantas y animales: Esta meta tiene como fundamento alcanzar la resiliencia de los sistemas agrícolas a través de la diversidad genética. El objetivo es permitir que los cultivos se adapten a nuevas condiciones ambientales y prevenir enfermedades en cultivos y ganado. Para cumplir esta meta, se implementan acciones como el fomento de bancos de semillas y programas de conservación de germoplasma en instalaciones que almacenan material genético de cultivos y especies autóctonas para su preservación y posterior uso en programas de mejoramiento agrícola; la protección de los valiosos y ancestrales conocimientos que posee la población indígena y local sobre variedades nativas y técnicas agrícolas tradicionales; la promoción de prácticas agrícolas diversificadas, desanimando el uso de monocultivos y alentando la diversidad para reducir la vulnerabilidad a plagas y a cambios drásticos en el clima. Aquí, habrán de ser claves proyectos como el «Svalbard Global Seed Vault» en Noruega, el cual representan esfuerzos internacionales de contar con bancos de semillas a nivel mundial.

Tal y como podemos advertir, puede llegar a ser tan complejo el entramado de medidas posibles y necesarias a implementar para abordar las metas del ODS 2 que podríamos encontrar una interacción con cada uno de los otros 16 ODS. Sin embargo, para dimensionar su multidisciplinariedad podemos hacer referencia a su conexión más cercana con los ODS 1. Fin de la pobreza; 4. Educación de calidad; 7. Energía asequible y sostenible; 9. Industria, innovación e infraestructura y; 12. Producción y Consumo Responsables.

Es por ello por lo que, a nivel global, para alcanzar los objetivos del ODS 2, la ONU, sus países miembros y las diversas organizaciones internacionales que convergen con el objetivo, han implementado estrategias basadas en la cooperación global, el fortalecimiento de políticas nacionales y el apoyo a innovaciones tecnológicas. Por ejemplo, organizaciones internacionales como la Organización de las Naciones Unidas para la Alimentación y la Agricultura (FAO) y el Programa Mundial de Alimentos (PMA) trabajan con los gobiernos para coordinar acciones que combatan el hambre y promuevan la seguridad alimentaria. Esto incluye asistencia financiera, programas de capacitación y transferencia de tecnología. En ese mismo sentido, los gobiernos nacionales desarrollan políticas que integran salud, educación y agricultura, abordando la nutrición de manera holística.

En el cumplimiento de las metas señaladas, las políticas de protección social y los programas de subsidios agrícolas permiten un enfoque integral para reducir la pobreza y el hambre. Las claves principales de la ODS 2 pasa por establecer mecanismos de apoyo económico que permitan a los pequeños productores mejorar su productividad y resiliencia. El acceso a ayudas económicas, acceso a crédito, seguros agrícolas e incentivos fiscales habrán de ser las claves para trasformar la forma de producción. Esto habrá de enfocarse no sólo en el fomento de la agroecología como técnica, sino que también, en el uso de la tecnología para la explotación, en donde, encontramos medidas como el riego de precisión, los cultivos resistentes al clima extremo y la digitalización del mercado agrícola. En este contexto, la mejora de la productividad agrícola, el acceso equitativo a los recursos y el fortalecimiento de los sistemas de producción son fundamentales para cumplir con el ODS 2 y enfrentar los efectos negativos del cambio climático y la pérdida de biodiversidad.

Ahora, en el ámbito de la Unión Europea (UE), el ODS 2 adquiere unas connotaciones particulares. Al contrario de lo que sucede en otras regiones del mundo, en donde el hambre y la desnutrición son el eje central de las políticas a implementar, en el contexto europeo, el enfoque del objetivo se centra sobre la cuestión nutricional relacionada con la obesidad, la mejora en la producción y distribución de los alimentos de manera sostenible y la lucha contra el envejecimiento y despoblación de las regiones agrícolas.

Dentro de este contexto, adquieren relevancia los trabajos que vienen desarrollando la UE a través de programas estratégicos como el Pacto Verde Europeo, el Octavo Programa de Acción en materia de Medio Ambiente y el Plan de Acción del Pilar Europeo de Derechos Sociales. Dentro de estos se enmarcan políticas y estrategias relevantes para la ODS 2, a través de las cuales se busca reducir su huella ambiental, promover la seguridad alimentaria y asegurar un futuro sostenible mediante la cooperación, la innovación y la regulación en políticas públicas.

Así, habrán de ser fundamentales la «Política Agrícola Común» (PAC) y la «Política Pesquera Común» (PPC). A través de estas, adquieren preponderancia la implementación de prácticas sostenibles y de protección del medio ambiente como indicadores clave para el acceso a los incentivos económicos. De igual manera, son relevantes la «Estrategia de Biodiversidad», que tiene como objetivo restaurar los ecosistemas y proteger la biodiversidad y; la «Estrategia de la Granja a la Mesa», que se enfoca en la promoción de prácticas agrícolas sostenibles que reduzcan el uso de pesticidas y fertilizantes, así como en la transformación de toda la cadena de suministro de alimentos para promover dietas saludables y sostenibles para todos los ciudadanos de la UE.

Del compromiso europeo con los ODS se puede dar buena cuenta a través de los datos que nos suministrar el informe «Sustainable development in the European Union: monitoring report on progress towards the SDGs in an EU context — 2024 edition»[3]. Este informe, que nos ofrece cómo la Unión ha avanzado en la consecución de la

3 Disponible en: https://ec.europa.eu/eurostat/en/web/products-flagship-publications/w/KS-05-24-071

mayoría de los objetivos en los últimos cinco años, remarca que los resultados son favorables en los frentes que se consideran relevantes para la UE.

En cuanto al cumplimiento de las metas del ODS 2, se resalta el aumento significativo que ha experimentado la productividad laboral en el sector agrícola, haciendo hincapié al notable incrementado de las inversiones públicas en investigación y desarrollo agrícola. De igual manera, aunque se invita a hacer un esfuerzo más intensivo para cumplir con el objetivo de contar con el 25 % de las tierras agrícolas de la UE gestionadas de manera orgánica para el año 2030, el informe destaca el crecimiento constante de la agricultura ecológica. Se resalta la reducción tanto del uso como el riesgo asociado al empleo de pesticidas químicos, lo que mantiene a la UE en camino para cumplir su meta. Asimismo, se anuncia una disminución en las emisiones de amoníaco provenientes de la actividad agrícola y en los niveles de nitratos en las aguas subterráneas de la región.

A pesar de estos logros, persisten algunas externalidades negativas en las que no parece haber mejoras significativas. Así, se destaca la alarmante y continua disminución de las poblaciones de aves comunes en áreas agrícolas o, en términos de nutrición, el mantenimiento de los niveles de malnutrición (que es poca) y obesidad (que es moderada).

III. Apunte final

El ODS 2 representa un compromiso crucial para erradicar el hambre y promover la sostenibilidad en la agricultura. Alcanzar este objetivo requiere la implementación de políticas integradas y una cooperación internacional efectiva. Al igual que en el arte, alcanzar la seguridad alimentaria y la sostenibilidad agrícola depende de la capacidad de coordinar múltiples elementos, cada uno con su propia identidad, en un esfuerzo colectivo para construir un futuro mejor. La intersección entre arte y sostenibilidad refleja la complejidad de los problemas globales y subraya la necesidad de soluciones innovadoras y colaborativas en nuestro mundo interconectado.

De allí que, la obra «Plural» de Vasarely, a través de su estructura visual y su simbolismo, es un recordatorio del poder de la diversidad y la armonía en la creación de sistemas resilientes. Es una invitación a la reflexión sobre la naturaleza intrincada de los sistemas globales y la necesidad de un enfoque inclusivo y multidimensional para resolver problemas complejos, como el hambre y la inseguridad alimentaria.

3 SALUD Y BIENESTAR

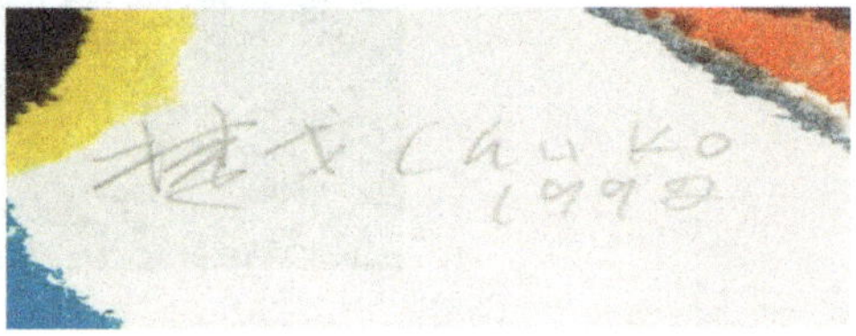

Chu Ko

(China, 1931)

Sin título, 1992, de la serie «Suite Olímpica»

- Litografía sobre papel Vélin d'Arches de 270 gramos, ejemplar 170/250.
- Medidas: 63 x 90 cm;110 x 85 (marco).
- Procedencia: Colección particular.

3

GARANTIZAR UNA VIDA SANA Y PROMOVER EL BIENESTAR PARA TODOS EN TODAS LAS EDADES

I. Detalles destacados de la obra y de su autor

Chu Ko, pseudónimo Yuan Te-Hsing, nació en Hunan, China. Chu fue una figura central en el movimiento de arte moderno taiwanés como poeta, crítico de arte, pintor y escultor. Siendo joven ya era conocido en la comunidad artística de Taiwan, principalmente por su inteligencia y talento autodidacta. A menudo publicó sus trabajos literarios en periódicos, revistas y magacines de crítica de arte. Cuando Chu cumplió los 35 años de edad empezó a trabajar en el National Palace Museum. Pasó treinta años investigando bronces, a través de los cuales publicó importantes estudios de arte antiguo. Chu Ko se interesó por la pintura y la caligrafía, y se convirtió en devoto de la creación plástica a partir de los 50 años de edad. Sus trabajos son abundantes y con un estilo despampanante, cosa que le ha convertido en uno de los artistas taiwaneses modernos más importantes.

La Suite Olímpica está compuesta por 50 litografías y serigrafías escogidas para representar diversas tendencias artísticas contemporáneas. Fue editada para conmemorar el primer centenario del olimpismo moderno.

II. Comentario general

La salud ha sido una preocupación histórica por parte del hombre y de las sociedades, razón por la cual las diferentes culturas han contado con la presencia de curanderos, sanadores, chamanes, brujos y personas que en definitiva han sido y son los antecedentes de los actuales médicos, sabios e investigadores, así como todo el personal que se dedica al entorno sanitario. Enfoques dirigidos a la meditación, a lo espiritual, a la búsqueda de la estabilidad entre la mente y el cuerpo están de moda, porque el marco de la salud como categoría se ha extendido a otros componentes como la mental y el entorno de vida de las personas. Para muchos sanar el alma es el punto de partida para mejorar el cuerpo. *Mens sana in corpore sano.*

La salud es vista como: «un estado de completo bienestar físico, mental y social, y no solamente la ausencia de afecciones o enfermedades», tal como aparece en el Preámbulo de la Constitución de la Organización Mundial de la Salud, que fue adoptada por la Conferencia Sanitaria Internacional, celebrada en Nueva York del 19 de junio al 22 de julio de 1946, firmada el 22 de julio de 1946 por los representantes de 61 Estados (*Official Records of the World Health Organization,* N.° 2, p. 100), y entró en vigor el 7 de abril de 1948.

La definición de salud no ha sido modificada desde 1948, aunque cabe señalar que en fecha 25 de mayo de 2019, la OMS ha considerado la patología del «síndrome del trabajador quemado o burnout» como enfermedad profesional.

El concepto de salud ha ido evolucionando e irá en evolución, a la par que el desarrollo científico, investigativo y por supuesto tecnológico. Nuevos serán los paradigmas, como en su momento lo fue la aparición de la bioética versus la ética médica. Habrá la posibilidad seguramente de la criopreservación de seres humanos, o la criónica, que nos enfrentan a nuevos paradigmas ante la biotecnología, así como un papel diferente del derecho ante estos retos.

La salud constituye un derecho humano fundamental e indispensable para el ejercicio de los demás derechos, tal como se ha señalado por el Comité de Derechos Económicos, Sociales y Culturales, Observación General n.°14 (2000) relativa «al derecho al disfrute del más alto nivel posible de salud» (artículo 12 del PIDESC) párrafo 1.

La Constitución española de 1978 reconoce el derecho a la protección de la salud a tenor de lo previsto en el artículo art. 43, como derecho social y ubicado entre los Principios rectores de la política social y económica de la Constitución Española de 1978.

El derecho a la salud aunque se asocia generalmente con el paciente, con la enfermedad y con la atención médica, la protección de la misma es mucho más amplia, de ahí que sea posible hacer referencia a derecho a la salud, derecho médico, o el derecho al acceso a la asistencia sanitaria e implica muchos protagonistas, por tanto estamos en presencia de un derecho constitucional de estructura amplia y sobre todo compleja, porque es un derecho además de corte social, donde se vinculan por una parte la persona física con toda la amalgama de cuestiones como la intimidad, la autonomía de la voluntad, la integridad física y otros derechos de la persona y la personalidad y por otro los poderes públicos. En estas últimas décadas además se ha producido una nueva apuesta que entiende además la salud vinculada con la alimentación sana y la práctica de deportes, así como el derecho al ocio y al descanso.

La *quiet ambition* es una nueva tendencia promovida por los trabajadores jóvenes y que se basa en dar prioridad a la **salud mental, el ocio y tiempo libre, y la vida social y personal.** A su vez, se dejan a un lado los puestos de trabajo con gran responsabilidad y las **largas jornadas laborales con mayor recompensa económica,** pues lo que ahora se busca es una vida sosegada. También está de moda en orden a la salud, el llamado Mindfulness que como filosofía de vida intenta mitigar el estrés disfrutar del momento presente, el aquí y el ahora.

Téngase por demás en consideración que el derecho a la salud no debe confundirse con el derecho a estar sano, porque ello escapa de los poderes tanto fácticos, como establecidos incluso de la persona, ahora bien, lo que resulta posible proteger es el derecho al disfrute de facilidades, bienes, servicios y condiciones necesarias para alcanzar un determinado nivel de salud, o una mejor calidad de vida.

La salud como la libertad son los dos pilares de la vida, conjuntamente identifican la plenitud de la persona y le permiten el libre desarrollo de la personalidad que en las democracias es un baluarte constitucional.

Con la pandemia descubrimos no sólo la fragilidad humana sino la nota de globalización de nuestros tiempos que incide en la salud. De ahí que en la actualidad se hable de salud globalizada, pero a la par de medicina personalizada y otras modalidades que se han instalado en el ámbito sanitario y en el quehacer de la salud como la llamada E-salud, modalidades que representan el desarrollo de la sanidad, la investigación y la medicina potenciando en definitiva la necesidad de atención que requiere el tema, por parte de todos los poderes públicos.

La salud global es entendida como una disciplina cuyo propósito es formar, investigar y actuar respecto a problemas, determinantes y soluciones, de carácter transnacional para mejorar la salud y la equidad en la salud a nivel mundial[1]., mientras que la medicina personalizada se presenta como En el ámbito de la salud y la ciencia, la medicina personalizada o de precisión también conocida como genómica o genética personalizada se centra en la aplicación de un tratamiento específico, más efectivo, por ejemplo incluyendo fármacos y dosis adaptadas a un paciente concreto, considerando su individualidad química y genética. Los genes, el modo de vida, por ejemplo, el ejercicio o la nutrición, así como el medio ambiente son factores que afectan la salud de las personas.

El objetivo de la medicina personalizada o de precisión es proteger la salud en la base de intervenciones que se adapten al individuo en lugar de utilizar el mismo enfoque para todos[2].

Dentro de los Objetivos de desarrollo sostenible se encuentra el Objetivo n.º 3; Garantizar una vida sana y promover el bienestar para todos en todas las edades.

Este objetivo está encaminado a satisfacer las necesidades básicas a nivel físico, psicológico y social, es decir, no se limitan únicamente a la ausencia de enfermedad, sino que implica un equilibrio integral en diversos aspectos de la vida, teniendo en cuenta el concepto de salud que se ha expuesto anteriormente.

Constituye uno de los objetivos esenciales y además más complejos de abordar en el cualquier análisis que se quiera realizar, por las implicaciones no sólo sociales, personales sino también económicas y políticas. Este objetivo dependerá no de la buena voluntad de las personas sino del Estado y de las políticas legislativas al respecto.

Los factores vinculados con la salud son muchos, por tanto, para lograr el citado objetivo no basta centrarse en la salud del hombre propiamente dicha, sino también será necesario mejorar la alimentación, y lo que resulta en la actualidad un tema de debate, la reducción de la contaminación ambiental a nivel global, por la incidencia que tiene en torno a la calidad de la vida del planeta y la repercusión en los recursos naturales, en la vida humana y en la salud del hombre. A ello se une dentro de este objetivo la prevención, porque ocasiona pérdidas y sufrimientos innecesarios no tenerla en cuenta.

---

1 https://www.iacs.es/evento/introduccion-a-la-salud-global-salud-internacional-medioambiente-y-salud/ Consultado 5 de octubre de 2024.

2 Precision health: «Improving health for each of us and all of us». Centers for Disease Control and Prevention https://www.cdc.gov/genomics/about/precision_med.htm Consultada el 5 de octubre de 2024.

Por otro lado, resulta necesario el apoyo a la investigación, y el desarrollo y la fabricación de vacunas y medicamentos destinados a las enfermedades que afectan a los países más pobres.

¿Por qué este objetivo?

Garantizar una vida sana y promover el bienestar de todos a todas las edades es importante para la construcción de sociedades prósperas, esto además requiere un compromiso de los Estados, pero los beneficios compensan el costo que se haya hecho en salud.

Las personas sanas son la base de una economía saludable y de una sociedad avanzada. La esperanza de vida y la calidad de vida muestran el desarrollo de un país y de una sociedad y evitan a corto y a largo plazo pérdidas de vidas humanas, enfermedades y procesos de curación costosos y que en ocasiones no puede soportar la sanidad pública.

El verdadero progreso parte de lograr la cobertura sanitaria universal; hacer que los medicamentos y las vacunas esenciales sean asequibles; garantizar que las mujeres tengan pleno acceso a los servicios de salud sexual y reproductiva; y poner fin a la mortalidad prevenible de niños, así como proteger a las personas mayores y lograr el envejecimiento con calidad de las personas.

Por supuesto hay que partir de las desigualdades a nivel mundial, que conllevan crisis sanitarias, poblaciones pobres y sin acceso a recursos sanitarios elementales y de primer orden. Cuestión que se recrudeció con la pandemia.

En materia de salud, la ONU ha establecido ciertas metas para dar por cumplido el objetivo de desarrollo sostenible 3 en el año 2030. Estos retos están encaminados a:

a) Poner fin a las muertes evitables de recién nacidos y de niños menores de 5 años, logrando que todos los países intenten reducir la mortalidad neonatal al menos hasta 12 por cada 1.000 nacidos vivos, y la mortalidad de niños menores de 5 años al menos hasta 25 por cada 1.000 nacidos vivos.

b) Poner fin a las epidemias del sida, la tuberculosis, la malaria y las enfermedades tropicales desatendidas y combatir la hepatitis, las enfermedades transmitidas por el agua y otras enfermedades transmisibles.

c) Reducir en un tercio la mortalidad prematura por enfermedades no transmisibles mediante la prevención y el tratamiento y promover la salud mental y el bienestar.

d) Fortalecer la prevención y el tratamiento del abuso de sustancias adictivas, incluido el uso indebido de estupefacientes y el consumo nocivo de alcohol.

e) Garantizar el acceso universal a los servicios de salud sexual y reproductiva, incluidos los de planificación de la familia, información y educación, y la integración de la salud reproductiva en las estrategias y los programas nacionales.

f) Lograr la cobertura sanitaria universal, en particular la protección contra los riesgos financieros, el acceso a servicios de salud esencial de calidad y el acceso a medicamentos y vacuna seguros, eficaces, asequibles y de calidad para todos.

g) Reducir sustancialmente el número de muertes y enfermedades producidas por productos químicos peligrosos y la contaminación del aire, el agua y el suelo.

h) Fortalecer la aplicación del Convenio Marco de la OMS para el Control del Tabaco en todos los países, según proceda.

i) Apoyar las actividades de investigación y desarrollo de vacunas y medicamentos para las enfermedades transmisibles y no transmisibles que afectan primordialmente a los países en desarrollo y facilitar el acceso a medicamentos y vacunas esenciales asequibles de conformidad con la Declaración de Doha relativa al Acuerdo sobre los ADPIC y la Salud Pública, en la que se afirma el derecho de los países en desarrollo a utilizar al máximo las disposiciones del Acuerdo sobre los Aspectos de los Derechos de Propiedad Intelectual Relacionados con el Comercio en lo relativo a la flexibilidad para proteger la salud pública y, en particular, proporcionar acceso a los medicamentos para todos.

j) Aumentar sustancialmente la financiación de la salud y la contratación, el desarrollo, la capacitación y la retención del personal sanitario en los países en desarrollo, especialmente en los países menos adelantados y los pequeños Estados insulares en desarrollo.

k) Reforzar la capacidad de todos los países, en particular los países en desarrollo, en materia de alerta temprana, reducción de riesgos y gestión de los riesgos para la salud nacional y mundial[3].

---

3 https://www.unitecoprofesional.es/blog/ods3/. Visto el 4 de octubre de 2023.

Estas metas si se analizan de forma concienzuda veremos que los propósitos son ambiciosos pero necesarios. Se fundamentan además en sistemas alimentarios sostenibles, en el desarrollo ecológico y medioambiental, el apoyo a la investigación, la reducción en lo posible de la desigualdad a través del desarrollo y potenciación de los derechos humanos, unido a la cooperación transnacional e interdisciplinaria necesaria para una puesta en común de todas las naciones.

III. Apunte final

La salud tiene también como el arte no sólo misterio sino que además es la expresión de un conjunto de sentimientos, si se está saludable se tiene paz y suele encontrarse belleza en las cosas, cuando se carece al igual que algunas obras de arte es un vehículo para expresar dolor, angustia y sentimientos de pérdida. Pero en más de una ocasión ofrece como en este caso (referencia a la obra que ocupa el comentario) una armonía y vitalidad que enriquece a quien la contempla.

La salud como categoría se ha ido expandiendo desde la salud física, a la salud mental hasta nuevos estilos de vida que ofrecen un nuevo enfoque a la misma y van conformando una nueva visión de ésta. En la actualidad el concepto de salud se vincula con la calidad de vida, con factores genéticos y sobre todo con la apuesta por la práctica de ejercicios y de deportes a todos los niveles, por esta razón el deporte físico se ha convertido en un elemento a incorporar en el bienestar de las personas y en salud.

La obra que se presenta para este comentario está dedicada al olimpismo que representa la pasión por el deporte y la unión de las personas basadas en el fervor, el amor y el entusiasmo por la práctica deportiva que encuentra en las Olimpiadas un lugar para la buena y sana rivalidad, que además permite aunar sentimientos y separar cualquier diferencia que pueda existir, por lo menos en esa etapa de competencia por las medallas olímpicas. Muchos son los ejemplos de armonía en las competiciones y de un sentido de compañerismo y colectividad que es encomiable.

Los Juegos Olímpicos de la era moderna son concebidos por el barón Pierre de Coubertin y se gestan en 1894 en la Universidad de la Sorbona en París. El barón llama a universalizar el deporte bajo el lema: «citius, altius, fortius» («más rápido, más alto, más fuerte»).

El deporte es universal como lo es la salud, y como también lo es la persona en este contexto, dentro de su propia individualidad, pero a la vez en el sentido de pertenencia a la especie humana y el compartir un mismo destino, el de la raza humana.

El autor pone de relevancia este sentimiento que, al expresarlo en una obra, no hace más que ratificar este anhelo de las personas, dando riendas y culto al deporte olímpico. Téngase en cuenta que el arte ha estado presente en los Juegos Olímpicos, si bien no se pudo mantener como modalidad (hasta 1948 se contó con modalidad en arte, literatura, arquitectura, música vinculada todas vinculadas al deporte) si se ha mantenido en el sentir de los juegos y del ambiente en torno a ellos, y con relación a la ciudad que en cada momento los acoge como sede, que se viste con sus mejores galas para ofrecer no solamente deporte sino también enseñar las bellezas de cada cultura, las tradiciones y costumbres de cada pueblo y sociedad.

Los Juegos Olímpicos son la máxima expresión del orgullo, la pertenencia además a una nación, los atletas representan a sus correspondientes países de forma individual o en equipo.

En nuestro mundo globalizado, el deporte tiene un poder único para reunir a las personas. Los Juegos Olímpicos nos dan la esperanza de que es posible un mundo mejor, porque son un ejemplo de interacción pacífica mundial[4].

El cine también ha recreado la belleza del deporte y del deporte olímpico. A manera de ejemplo téngase en cuenta la película (Chariots of Fire, Carros de Fuego), película británica de 1981, dirigida por Hugh Hudson, concebida y producida por David Puttnam y escrita por Colin Welland. Basada en la historia real de los atletas británicos preparándose para competir en los Juegos Olímpicos de París 1924. Otras películas también han merecido la atención como Invictus, Coach Carter, Million Dollar Baby entre otras porque han puesto de relieve el deporte y la relevancia que tiene para el desarrollo de la persona y sus aspiraciones, no sólo como búsqueda de una mejor salud y calidad de vida, sino también de felicidad.

4 https://www.un.org/es/chronicle/article/el-movimiento-olimpico-las-naciones-unidas-yla-persecucion-de-ideales-comunes. Consultado el 5 de octubre de 2024.

4 EDUCACIÓN DE CALIDAD

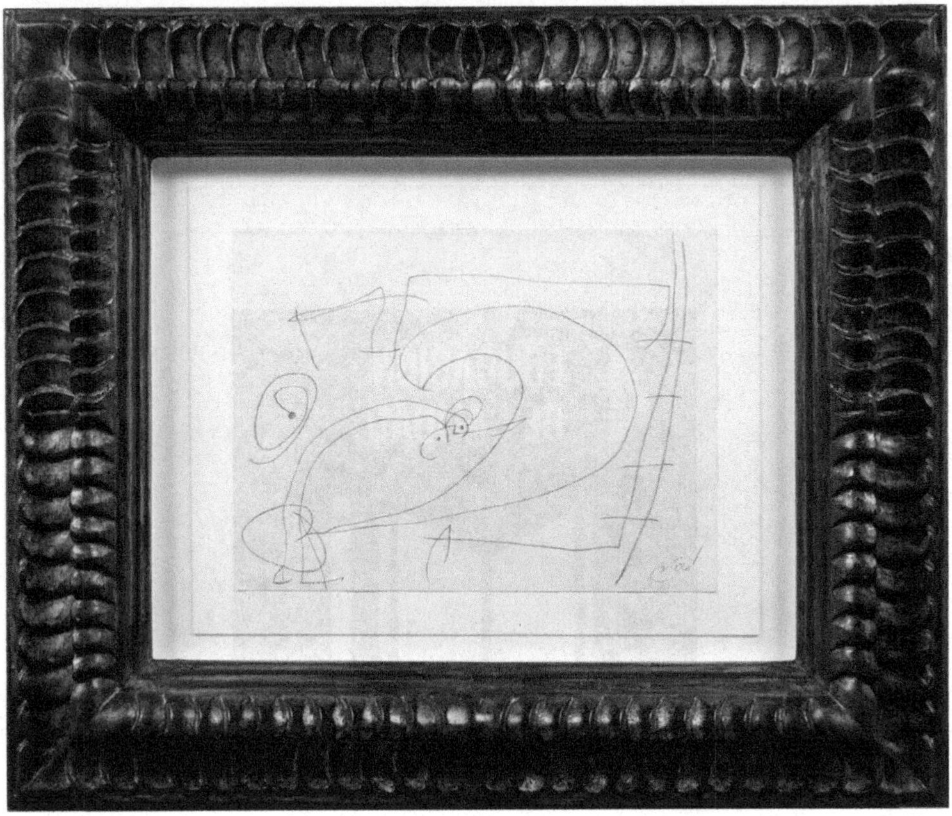

Joan Miró I Ferrá

(Barcelona, 1893 – Palma de Mallorca, 1983)

Femme et oiseau devant la lune/ Échelle de l'évasion

- Lápiz sobre papel.
- Medidas: 25,4 x 33 cm; 57 x 64,5 cm (marco).
- Procedencia: Colección particular.

4

GARANTIZAR UNA EDUCACIÓN INCLUSIVA, EQUITATIVA Y DE CALIDAD Y PROMOVER OPORTUNIDADES DE APRENDIZAJE DURANTE TODA LA VIDA PARA TODOS

I. Detalles destacados de la obra y de su autor

La mujer constituye, junto con el pájaro, el tándem más distintivo de la iconografía mironiana, en una unión perfecta entre la tierra y el cielo. Para el maestro surrealista, la mujer es una figura fundamental, relacionada con la tierra y la fecundidad. La iconografía cósmica y la relación entre los personajes y los astros es, a su vez, una constante en el trabajo de Joan Miró: la tierra, el cielo —o como en esta ocasión, la luna— culminan el amplio y variado imaginario que llevó al catalán a lo más alto del panorama artístico mundial. Joan Miró se forma en Barcelona, entre la Escuela de la Lonja y la Academia Galí. Ya en la temprana fecha de 1918 realiza su primera exposición, en las Galerías Dalmau de Barcelona. En 1920 se traslada a París y se encuentra con Picasso, Raynal, Max Jacob, Tzara y los dadaístas. Allí, bajo la influencia de los poetas y pintores surrealistas, va madurando su estilo; trata de trasponer a lo visual la poesía surrealista, basándose en la memoria, la fantasía y lo irracional. Desde este momento su estilo inicia una evolución que le lleva a obras más etéreas, en las que las formas y las figuras orgánicas se reducen a puntos, líneas y manchas de color abstractos. En 1924 firma el primer manifiesto surrealista, aunque la evolución de su obra, demasiado compleja, no permite adscribirle a ninguna ortodoxia determinada. Su tercera exposición en París, en 1928, supone su primer gran triunfo: el Museo de Arte Moderno de Nueva York adquiere dos obras suyas. Regresa a España en 1941, y ese mismo año dicho museo le dedica una retrospectiva que supondrá su definitiva consagración internacional. Durante la década de los cincuenta experimentó con otros medios artísticos, como el grabado, la litografía y la cerámica. Desde 1956 y hasta su muerte, en 1983, reside en Palma de Mallorca en una suerte de exilio interior, mientras crece su fama internacional. A lo largo de su vida recibió numerosos premios, como los Grandes Premios de la Bienal de Venecia de 1954 y de la Fundación Guggenheim en 1959, el Carnegie de Pintura en 1966, las Medallas de Oro de la Generalitat de Cataluña (1978) y de las Bellas Artes (1980), y fue nombrado Doctor Honoris Causa por las universidades de Harvard y Barcelona. En la actualidad su producción puede contemplarse en la Fundación Joan Miró de Barcelona, inaugurada en 1975, así como en los principales museos de arte contemporáneo de todo el mundo, como el Thyssen-Bornemisza, el MoMA de Nueva York, el Museo Reina Sofía de Madrid, la National Gallery de Washington, el MNAM de París o la Albright-Knox Art Gallery de Buffalo.

II. Comentario general

Bajo el rótulo **«Educación de calidad»**, el Objetivo de Desarrollo Sostenible número 4 se vertebra en torno a la idea de que una educación de calidad es la base para mejorar la vida de las personas, así como para potenciar el desarrollo sostenible de la comunidad. No cabe duda de que, con el paso del tiempo, se han logrado grandes avances en el acceso a la educación en todos los niveles y en las tasas de inscripción en las escuelas, particularmente para mujeres y niñas, pero queda mucho trabajo por hacer, todavía. Afortunadamente se es consciente de ello y de ahí la relevancia que se concede a este Objetivo. La alfabetización básica, por ejemplo, ha aumentado notablemente, pero no cabe duda de que se necesitan mayores esfuerzos para alcanzar los deseables objetivos de educación universal. Por ejemplo, el mundo ha logrado casi plenamente la igualdad en la educación primaria entre niños y niñas, pero pocos países lo han logrado en todos los niveles educativos. En la propia web de los ODS se nos indica que «los ODS están diseñados para acabar con la pobreza, el hambre, el sida y la discriminación contra mujeres y niñas», añadiéndose que «la creatividad, el conocimiento, la tecnología y los recursos financieros de toda la sociedad son necesarios para alcanzar los ODS en todos los contextos» (https://www.undp.org/es/sustainable-development-goals). No es poco importante, por tanto, el ODS 4 para lograr que otro mundo (mejor y más habitable, más sostenible) sea real y efectivo.

Posteriormente, en la solapa dedicada al ODS 4 en la citada web se nos recuerda que «el objetivo de lograr una *educación inclusiva y de calidad para todos se basa en la firme convicción de que la educación es uno de los motores más poderosos para garantizar el desarrollo sostenible. Con este fin, el objetivo busca asegurar que todas las niñas y niños completen su educación primaria y secundaria para 2030.* También aspira a proporcionar acceso igualitario a formación técnica asequible y eliminar las disparidades de género e ingresos, además de lograr el *acceso universal a educación superior de calidad»* (completo recorrido por los ODS, en general, en Fernández Liesa-Manero Salvador; De la Rosa Ruíz y Fernández Mora-Jasso Alfieri-Gadea Aiello).

A la hora de estudiar nuestro Objetivo debemos destacar de entrada dos **novedades** con respecto a posibles intentos anteriores de regulación (Fernández Tesoro, 175-178): en primer lugar, la universalidad de aplicación de los Objetivos, incentivando a todos los países a diseñar y ejecutar planes nacionales de implementación para cumplir las metas establecidas, que repasaremos a continuación (recordemos el lema «leave no one behind», que implica ser sensible, también, ante los colectivos tradicionalmente discriminados como suelen ser menores, mujeres, personas con discapacidad, extranjeros o personas pertenecientes a otras razas y etnias) y, en segundo lugar, la multiplicidad de actores, públicos y privados, que deben coordinarse de modo efectivo en la ejecución de estas tareas. La universalidad indicada implicará, por ejemplo, construir las infraestructuras educativas necesarias adaptadas a las personas con discapacidad y con sensibilidad de género para crear ambientes educativos seguros, inclusivos y eficaces, aumentar el número de becas a nivel mundial, sobre todo las destinadas a países en vías de desarrollo, así como formar e incrementar el número de profesores cualificados para realizar una labor adecuada (Fernández Tesoro, 180).

Si atendemos a las **metas concretas de nuestro objetivo para 2030** (https://www.undp.org/es/sustainable-development-goals/educacion-calidad), estas son las siguientes: garantizar que todos los niños y niñas completen una educación primaria y secundaria gratuita, equitativa y de calidad que conduzca a resultados de aprendizaje relevantes y efectivos para el Objetivo 4; garantizar que todos los niños y niñas tengan acceso a un desarrollo, atención y educación preprimaria de calidad en la primera infancia para que estén preparados para la educación primaria; garantizar el acceso equitativo de todas las mujeres y hombres a una educación técnica, profesional y terciaria asequible y de calidad, incluida la universidad; aumentar sustancialmente el número de jóvenes y adultos que tienen habilidades relevantes, incluidas habilidades técnicas y vocacionales, para el empleo, los trabajos decentes y el espíritu empresarial; eliminar las disparidades de género en la educación y garantizar la igualdad de acceso a todos los niveles de educación y formación profesional para las personas vulnerables, incluidas las personas con discapacidad, los pueblos indígenas y los niños en situaciones de vulnerabilidad (sobre colectivos vulnerables, Fernández Tesoro, 182-187 y Cotino Hueso, 259-293); garantizar que todos los jóvenes y una proporción sustancial de adultos, tanto hombres como mujeres, logren la alfabetización y la aritmética; garantizar que todos los alumnos adquieran los conocimientos y las habilidades necesarios para promover el desarrollo sostenible, lo que incluye, entre otros, la educación para el desarrollo sostenible y estilos de vida sostenibles, los derechos humanos, la igualdad de género, la promoción de una cultura de paz y no violencia, ciudadanía y valoración de la diversidad cultural y de la contribución de la cultura al desarrollo sostenible; construir y mejorar instalaciones educativas que tengan en cuenta las necesidades de los niños, las discapacidades y las cuestiones de género y proporcionen entornos de aprendizaje seguros, no violentos, inclusivos y eficaces para todos; aumentar sustancialmente a nivel mundial el número de becas disponibles para los países en desarrollo, en particular los países menos adelantados, los pequeños Estados insulares en desarrollo y los países africanos, para matricularse en la educación superior, incluida la formación profesional y los programas técnicos, de ingeniería y científicos de tecnología de la información y las comunicaciones en países desarrollados y otros países en desarrollo y aumentar sustancialmente la oferta de docentes calificados, incluso mediante la cooperación internacional para la formación de docentes en los países en desarrollo, especialmente los menos adelantados y pequeños estados insulares en desarrollo.

Del repaso citado es esencial destacar la mención expresa a niñas, mujeres y personas con discapacidad y pertenecientes a colectivos vulnerables, fruto de la importancia que se les reconoce (esencial para que una democracia sea real y efectiva), además de que se tiene en mente todas las etapas educativas posibles (la educación primaria, incluso preprimaria son esenciales para evitar el analfabetismo, pero no debemos dejar de lado al resto de fases, incluyendo la etapa universitaria) y el inevitable engarce tanto con la formación profesional como con el propio ámbito laboral en sentido estricto (el derecho a la formación va más allá del ámbito estrictamente educativo, ya que la formación es un derecho y, en ocasiones, incluso un deber del trabajador por cuenta ajena; *vid.* GIL Y GIL). También está presente la necesidad de evitar disparidades de género y de lograr una educación en valores positivos en todas las fases del sistema (educación para el desarrollo sostenible, derechos humanos, igualdad de género, cultura de la paz, valoración de la diversidad cultural, etc.), así como la consecución de entornos adecuados para el correcto aprendizaje, de modo integral, lo que incluye el cuidado de las instalaciones y la selección de docentes adecuados para estas tareas. No cabe duda, por tanto, de que las metas citadas son ambiciosas y exigen un esfuerzo importante, de múltiples operadores y, sobre todo, un trabajo bien diseñado y ejecutado. El modelo educativo integral, científico pero también humanista, es el defendible, y se tiene expresamente en mente, como hemos comprobado: no por casualidad defendemos como meta la de «garantizar que todos los alumnos adquieran los conocimientos y las habilidades necesarios para promover el desarrollo sostenible, lo que incluye, entre otros, la educación para el desarrollo sostenible y estilos de vida sostenibles, los derechos humanos, la igualdad de género, la promoción de una cultura de paz y no violencia, ciudadanía y valoración de la diversidad cultural y de la contribución de la cultura al desarrollo sostenible». Recordemos cómo el artículo 27.5 de la Constitución garantiza un sistema educativo de enseñanzas regladas «mediante una programación general de la enseñanza», sin dejar atrás las nuevas tecnologías y las diversas maneras de ser y de estar utilizables en el ámbito educativo, así como las metodologías novedosas.

Existen tres claras **brechas** por eliminar en nuestro objeto de estudio: la brecha de género, la brecha de ingresos y la de acceso a la etapa de educación superior (FERNÁNDEZ TESORO, 176). A la hora de actuar y tener éxito en la labor, existen tres grandes **principios guía sistematizados por la UNESCO** que pueden ser útiles (FERNÁNDEZ TESORO, 181-182): en primer lugar, aumentar la financiación pública destinada a educación, gracias a medidas como la ampliación de la base fiscal, la prevención de la evasión de impuestos o el incremento de la proporción de los presupuestos estatales asignados a educación; en segundo lugar, aumentar la gobernanza, la eficiencia y transparencia en la rendición de cuentas, para lograr un uso eficiente de los recursos existentes; en tercer lugar, dar prioridad a los más vulnerables (mujeres y niñas, habitantes de zonas de conflicto y niños, jóvenes y adultos en situación de pobreza y exclusión social).

Es el momento de tratar alguna de las **cuestiones de mayor interés** que suscita el objetivo que estudiamos, y ello conlleva detenernos, inevitablemente, en el derecho a la educación (sobre el mismo, por todos, Cruz Miñambres, López Castillo, Nuevo López, Souto Paz y Cotino Hueso). En este sentido, no está de más comenzar recordando cómo el derecho fundamental a la educación es esencial para que una democracia plena sea real y efectiva y para que la vida de las personas pueda mejorar, pues las personas desarrollan de modo más pleno y efectivo posible sus capacidades y habilidades gracias a la formación y la cultura, así como están en condiciones de orientar su existencia siguiendo sus propias decisiones y participar activamente en la vida social en que se inserta: la educación se asocia con un mayor nivel de participación en la vida colectiva y de inclusión social (sobre el derecho a la educación como auténtico derecho humano, Castañón Jiménez; sobre la consideración de la educación como mecanismo de progreso social, Ortíz García-Ortíz Pérez-Romero Tarín-Ruíz Callado). Por ello, estamos ante un derecho que se fundamenta tanto en los intereses particulares de las personas concretas (que enriquecen su personalidad en todos los sentidos) como en el interés social y público evidente de mejora de la colectividad como tal y la inoculación de valores esenciales para la convivencia democrática y útiles para la lucha contra el racismo, la xenofobia, la igualdad de género, la paz, el respeto y la sensibilidad animalista, por el medio ambiente, etc.

De hecho, en la Constitución española vigente estamos ante el derecho fundamental con más apartados (diez apartados, en el artículo 27), indicio claro del interés que el constituyente puso en él. Además de estar recogido en la legislación internacional y comunitaria europea básica (artículo 26 de la DUDH, artículo 18.1 del Convenio de Roma para la protección de los derechos humanos y de las libertades fundamentales o el artículo 14.1 de la Carta de Derechos Fundamentales de la Unión Europea, entre otros), es un derecho de todas las personas, que no puede desatender las peculiaridades que aporten los movimientos migratorios, para no dejar a nadie atrás (Cachazo Vasallo e Isusi-Fagoaga y Beltrán Llavador). Obtener una educación de calidad es la base, por tanto, para mejorar la vida de las personas y las bondades de una sociedad concreta. Como se indica en la propia web ya citada, «el objetivo de lograr una *educación inclusiva y de calidad para todos se basa en la firme convicción de que la educación es uno de los motores más poderosos para garantizar el desarrollo sostenible*».

El **contenido del derecho** se vertebra en torno a cinco grandes ejes (García Costa, p. 60): en primer lugar, el derecho de acceso a las enseñanzas del sistema educativo; en segundo lugar, el derecho a la enseñanza básica obligatoria y gratuita; en tercer lugar, el derecho a una enseñanza de calidad; en cuarto lugar, el derecho a una evaluación objetiva, a la progresión en el sistema y a la permanencia en el centro; en quinto lugar, el derecho a la participación de los profesores, padres y alumnos, que intervendrán en el control y gestión de los centros sostenidos por la Administración Pública con fondos públicos, en los términos que la ley establezca. Estamos ante un derecho prestacional vertebrado en torno a las «cuatro A», como son la asequilibilidad o disponibilidad, la accesibilidad material y económica, la aceptabilidad y la adaptabilidad a las necesidades de los colectivos y sociedades (*vid.* Cotino Hueso, 97-138 y 163-234). Además, a la hora de valorar sus **fines**, en el marco del ODS que estudiamos, no debemos perder de vista el pleno desarrollo de la personalidad humana en el respeto a los principios democráticos de convivencia y a los derechos y libertades fundamentales (García Costa, 60-63).

Es básico tener presente que, si bien la educación primaria y secundaria son esenciales en el objetivo diseñado, los **avances** deben afectar también en la educación superior de calidad para niños y niñas, hombres y mujeres (especialmente tener en mente la mejoría de las cifras en niñas y mujeres) y personas pertenecientes a colectivos vulnerables. Se defiende en la web citada en varias ocasiones que el objetivo que estudiamos «busca *asegurar que todas las niñas y niños completen su educación primaria y secundaria para 2030*. También aspira a proporcionar acceso igualitario a formación técnica asequible y eliminar las disparidades de género e ingresos, además de lograr el *acceso universal a educación superior de calidad*». En este sentido, no debemos escatimar los esfuerzos para alcanzar los objetivos de educación universal y en todos los niveles educativos, pues, aunque se han hecho enormes avances en la educación primaria, entre niños y niñas, pocos países lo han logrado en todos los niveles educativos (esto se explicita expresamente, «... lograr el *acceso universal a educación superior de calidad*»). No debemos olvidar, por tanto, al nivel educativo universitario, tampoco, en nuestras pretensiones, y los propios estudiosos atienden a cómo puede llevarse esto a cabo (*vid.* Vargas Vergara-Aragón) y a cómo la Universidad puede colaborar en esta consecución (*vid.*, por todos, Ramos Torres; M'rabet Temsamani-Quirosa García y Bibiana Ruíz-Cortés Borrero).

III. Apunte final

«Educación de calidad», reza el rótulo de nuestro Objetivo estudiado. Conseguir una educación de calidad es la base para mejorar la vida de las personas individualmente consideradas pero también para que, por otra parte, se contribuya desde ahí a la mejora de la sociedad en que se insertan esas personas, logrando de ese modo un desarrollo sostenible basado en principios y orientaciones que consideramos positivas para el colectivo. Somos conscientes de que, en realidad, solamente la cultura nos convierte en seres libres capaces de decidir adecuadamente, y la educación, en tanto en cuanto conlleva formación, pero también modo de ser y de estar y de actuar en el mundo, facilita el acceso a la misma. No en vano desde hace más de veinte siglos se defiende que educar a las niñas y niños suele implicar la no necesidad de castigar a adultas y adultos, y aunque no sea del todo exacto en todo caso, encierra mucho de verdad.

Diseñar los medios para que esta educación sea de la mayor calidad posible implica una inversión acertada y una gestión diligente por parte de los gestores, y es tarea que deben asumir necesariamente. Mentiríamos si no confesáramos que se ha avanzado bastante en estos temas, sobre todo en el acceso a la educación, pero no podemos obviar que se debe seguir trabajando para mejorar: trabajar con colectivos vulnerables, erradicar el analfabetismo allí donde todavía es un problema (pensemos a nivel mundial) e inculcar el respeto a los derechos humanos y a valores que consideramos positivos (sostenibilidad, respeto por la mujer, las minorías y los colectivos vulnerables, sensibilidad medioambiental, etc.). Defendemos la necesidad de disfrutar de una vida sostenible ya desde el sistema educativo, que implicará que los ciudadanos reciban la formación más adecuada en dicho sentido. El cuadro que ilustra nuestro Objetivo, «Mujer y pájaro frente a la luna / Escalera de escape», de Joan Miró, es una metáfora plástica perfectamente interesante del mismo. Si se nos permite hacer una interpretación del cuadro muy apegada a nuestro tema de estudio (no muy habitual, pero perfectamente legítima), es evidente en el protagonismo en la obra de la mujer, colectivo vulnerable donde los haya, por desgracia, a lo largo de la historia, y cómo ahora intentamos combatir dicha relegación consuetudinaria con medidas de discriminación positiva y con la educación y la propia vida con sensibilidad de género, para que la democracia y el estado social sean reales y efectivos y no mera letra muerta de un texto legal formalmente vigente.

Por otra parte, no está fuera de lugar entender esa «escalera de escape» del cuadro como una metáfora de la educación y del sistema educativo, que permite escalar socialmente y lograr que la vida, tanto la vida individual como la colectiva, alcance un nivel superior, con mayores posibilidades y perspectivas de desarrollo. «Escalera de escape», sin duda: la educación como modo de escapar. Modo de escapar al analfabetismo y al embrutecimiento: muleta para ayudar a caminar en el sentido de la dignidad del ser humano y del libre desarrollo de su personalidad, que tiene el efecto colectivo inevitable (y muy positivo) de mejorar la vida en sociedad.

Orientar nuestro sillón en el sentido de estas cuestiones que tratamos es imprescindible para que, gracias a la educación, la sociedad que se forme sea más humana y defendible. Los efectos positivos de la educación (como derecho individual y poliédrico, como verdadero sistema educativo, etc.) son muy valiosos en este progreso que consideramos necesario. Eduquemos adecuadamente a menores y será más fácil enorgullecernos del modo de ser y de estar de los futuros adultos y de la sociedad que construyan.

5 IGUALDAD DE GÉNERO

Benjamín Palencia

(Barrax, Albacete, 7 de julio de 1894-Madrid, 16 de enero de 1980)

«Retrato de niña»

- Tinta sobre papel.
- Medidas: 47 cm.x37 cm (aprox.)
- Procedencia: Colección particular.

5

LOGRAR LA IGUALDAD ENTRE LOS GÉNEROS Y EMPODERAR A TODAS LAS MUJERES Y LAS NIÑAS

Allá, a lo lejos, está América, y más allá está Asia,
y después estamos nosotras, de espaldas.

Riki Blanco

I. Detalles destacados de la obra y de su autor

Benjamín Palencia (1894-1980) fue un pintor y dibujante español, nacido en Barrax, Albacete, que se destacó como uno de los máximos exponentes del arte contemporáneo en España, especialmente en el ámbito del paisaje. Desde joven, mostró un interés por el arte que lo llevó a trasladarse a Madrid, donde estudió en la Real Academia de Bellas Artes de San Fernando y se relacionó con figuras como Rafael Barradas y Federico García Lorca.

En los años 20, fue cofundador de la «Escuela de Vallecas», un movimiento que, junto a Alberto Sánchez y otros artistas, exploró el paisaje castellano de manera innovadora, influenciado por corrientes como el cubismo y el surrealismo. La Escuela de Vallecas fue clave en su desarrollo artístico, fusionando la modernidad con la tradición y convirtiendo el árido paisaje castellano en el centro de su obra.

Aunque Palencia exploró diversas corrientes, fue el paisaje castellano su motivo principal. Sus cuadros, caracterizados por una paleta de colores sobrios y una técnica depurada, capturan la dureza y belleza de la tierra española. La Guerra Civil Española marcó un punto de inflexión en su obra, volviéndose más introspectiva en los años siguientes. Durante los años 40 y 50, se consolidó como uno de los grandes paisajistas de su generación, participando en numerosas exposiciones tanto en España como en el extranjero.

Además de su pintura, Palencia fue un prolífico dibujante, con obras que destacan por su delicadeza y precisión. En sus últimos años, recibió reconocimientos como la Medalla de Oro al Mérito en las Bellas Artes en 1980. Su legado perdura como una figura esencial en la evolución del arte español del siglo XX.

II. Comentario general

El comienzo del nuevo milenio supuso un importante hito por el compromiso explícito de Naciones Unidas de combatir la desigualdad y la pobreza en el mundo en sus múltiples dimensiones, decisión que se formalizó a través de los denominados Objetivos de Desarrollo del Milenio (ODM), ocho metas para mejorar la vida de las personas más desfavorecidas a lo largo de un periodo de quince años. La evaluación final de los resultados puso de manifiesto que, con voluntad política a través de intervenciones, estrategias y recursos, incluso los países más pobres podían alcanzar un progreso drástico. No obstante, también se reconocían logros desiguales y deficiencias en muchas áreas. Por ejemplo, la evaluación del ODM 3, destinado a promover la igualdad de género y el empoderamiento de la mujer, destacó una serie de problemas persistentes tales como el mantenimiento de la brecha de género en los niveles superiores de enseñanza, la baja tasa de mujeres en el empleo remunerado en algunas regiones, las desventajas de éstas en el mercado laboral, o la brecha de género en la representación política. De ahí que se apuntase a la necesidad de seguir trabajando en las áreas clave generadoras de la desigualdad debiendo integrarse la perspectiva de género en todos los objetivos de la agenda de desarrollo.

Así pues, en septiembre de 2015, los dirigentes mundiales de Naciones Unidas aprobaron una nueva Agenda 2030, en vigor desde el 1 de enero de 2016, donde se instó a los países a retomar esfuerzos para lograr esta vez diecisiete Objetivos de Desarrollo Sostenible, (ODS) estableciéndose 169 metas para los siguientes quince años. Los nuevos ODS, que asumen las tareas por finalizar relativas a los ODM, son más ambiciosos y participativos, pretenden un cambio de paradigma hacia un modelo de desarrollo social, económico y medioambiental sostenible, lo que implica un compromiso universal en torno a tres dimensiones: el crecimiento económico, la inclusión social y la protección del medio ambiente. Hay que destacar que todos los ODS están interrelacionados ya que, para la consecución de las metas establecidas en cada uno, se hará necesario el cumplimiento del resto. De manera que será crucial que las entidades responsables de su consecución los aborden en su totalidad, en lugar de enfocarlos como una lista de objetivos individuales entre los que se puede elegir.

Concretamente, en el tema que nos atañe, la Agenda ratificó el consenso universal sobre la importancia vital que reviste la igualdad de género (ODS 5) y su contribución al logro del resto, afirmando que «la igualdad entre los géneros no es sólo un derecho humano fundamental, sino la base necesaria para conseguir un mundo pacífico, próspero y sostenible». Estamos, pues, ante un objetivo transversal que debe ser un elemento clave de todas las políticas, presupuestos e instituciones nacionales. Entre las metas previstas que involucrarán a todos los Estados se busca establecer nuevos marcos legales para eliminar todas las formas de discriminación, violencia y prácticas nocivas hacia las mujeres, posibilitando su plena participación en la vida pública, reconocer el valor de los trabajos del cuidado, y asegurar el acceso universal a la salud sexual y los derechos reproductivos.

Al mismo tiempo, conviene recordar que el marco jurídico internacional y europeo ya cuenta con la Convención sobre la Eliminación de todas las formas de Discriminación contra la Mujer (CEDAW), adoptada por la Asamblea General de las Naciones Unidas el 18 de diciembre de 1979, que efectúa un mandato para que los Estados parte adopten todas las medidas necesarias para que: aseguren el pleno desarrollo de las mujeres, con el objeto de garantizar el ejercicio y el goce de los derechos humanos y las libertades fundamentales en igualdad de condiciones con los hombres (art. 3); modifiquen los patrones socioculturales de conducta de hombres y mujeres, con miras a alcanzar la eliminación de los prejuicios y las prácticas consuetudinarias y de cualquier otra índole que estén basados en la idea de la inferioridad o superioridad de cualquiera de los sexos o en funciones estereotipadas de hombres y mujeres (art. 5); y eliminen la discriminación contra la mujer en la vida política y pública del país, en la esfera de la educación y en todos los asuntos relacionados con el matrimonio y las relaciones familiares (arts. 7, 10 y 16).

Por su parte, Convenio del Consejo de Europa sobre prevención y lucha contra la violencia contra las mujeres y la violencia doméstica, celebrado en Estambul el 11 de mayo de 2011, firmado por la Unión Europea el 13 de junio de 2017, aprobado en su nombre mediante la Decisión (UE) 2023/1076 del Consejo, de 1 de junio de 2023, en vigor por lo que respecta a la Unión Europea el 1 de octubre de 2023, busca particularmente proteger a las mujeres contra todas las formas de violencia así como prevenirla, perseguirla y eliminarla, además de contribuir a eliminar toda forma de discriminación y promover la igualdad real entre mujeres y hombres.

Contamos pues con un sólido marco jurídico estrechamente relacionado con el ODS 5. Mientras la CEDAW o el Convenio de Estambul nos brindan el fundamento legal para la igualdad de género o la lucha contra la violencia, el ODS ofrece un conjunto de metas más concretas y sirve de nuevo impulso al colocar la igualdad de género en el centro de la agenda de desarrollo global.

Ahora bien, más allá de los mecanismos jurídicos, se puede afirmar que el arte y la cultura en general ostentan un papel fundamental en la promoción de los valores y, sin embargo, una mirada detenida nos hace reparar han sido los grandes olvidados en la Agenda 2030, (Barrantes Fernández et. al. 2021, o Crespo Martínez, 2021) pese a su potencial transformador y de reparar injusticias en cada uno de ellos. El arte y la cultura, con su «capacidad transformativa, generación de pensamiento lateral, propiedades holísticas, dimensión transnacional, promoción de la inter- y transdisciplinariedad, y un largo etcétera son aptitudes, cualidades y facultades que posee la praxis artística altamente preciadas para ponerlas al servicio de una sociedad que busca comprometerse con la mitigación, y de ser posible la erradicación, de las desigualdades y las nefastas consecuencias del cambio climático, entre otros desafíos, con el propósito de generar un modelo para una prosperidad compartida en un mundo sostenible» (Crespo Martín 2021). Un ejemplo de incorporación directa a la enseñanza artística se expone en Yáñez Martínez (2023) donde, a través de fichas de artista que conectan su obra con estos objetivos, se identifican en sus lenguajes los distintos valores de los ODS, especialmente la igualdad de género, la reducción de desigualdades, el cuidado del medio ambiente o la denuncia del consumo irresponsable.

De ahí que algunas propuestas hayan reivindicado este papel impulsor del arte para alcanzar las metas de los ODS. Si en lugar de subordinar su cumplimiento al crecimiento económico, —que podría no ser inclusivo ni sostenible, y que además no es el motor principal de los agentes privados—, se diseñan empleos directamente dirigidos hacia su cumplimiento, institucionalizando para ello la figura del Estado como Empleador de Último Recurso, este podría incorporar y promocionar las artes y el trabajo de los artistas, sin sujeción a la lógica del beneficio económico, «ligándola a objetivos macroeconómicos como la estabilización del ciclo económico y sociales como el logro de los ODS de la Agenda 2030» (Barrantes Fernández *et. al.* 2021).

Como decimos, el arte y la cultura juegan un papel relevante a la hora de la promoción de la igualdad de género. Otro ejemplo lo encontramos en el «método iconográfico» desarrollado por los historiadores del arte desde finales del siglo XIX, que ha permitido entender cómo se han ido construyendo los estereotipos en torno al género a través de las representaciones de las mujeres, desde la antigüedad en la pintura, hasta la actualidad en la publicidad, las series, el cine o los videoclips (Luque Rodrigo, 2020).

No obstante, a día de hoy persisten en el mundo de las artes y las humanidades importantes retos y dificultades en torno a la igualdad de género. En este sentido, asociaciones como «EmPoderArte» denuncian el incumplimiento sistemático del artículo 26 de la Ley Orgánica 3/2007 para la Igualdad Efectiva de Mujeres y Hombres, para hacer efectivo el principio de igualdad de trato y de oportunidades en todo lo concerniente a la creación y producción artística e intelectual y a la difusión de esta así como la constante discriminación de artistas, comisarias, conferenciantes, investigadoras, galeristas, críticas y gestoras, exclusivamente por su condición de mujeres. Es imprescindible que, para avanzar no solo en este ámbito, sino en todos aquellos donde persiste la desigualdad de género, se exija la acción decidida de los poderes públicos en torno a mecanismos que permitan garantizar y cumplir con la aplicación de la ley.

Y es que, si abandonamos el mundo del arte y la cultura y ampliamos el foco a nivel global, una vez transcurridos casi nueve años de la Agenda 2030, los últimos informes anuales tampoco son demasiado optimistas a este respecto.

Según el Informe de 2023 de Naciones Unidas sobre los ODS, «apenas el 15,4 % de los indicadores del Objetivo 5 de los que se disponen datos van "por buen camino", el 61,5 % se encuentra a una distancia moderada y el 23,1 % está lejos o muy lejos de las metas para 2030». En efecto, los avances están resultando demasiado lentos y al ritmo actual «se calcula que se tardará 300 años en acabar con el matrimonio infantil, 286 años en subsanar las lagunas de protección jurídica y eliminar las leyes discriminatorias, 140 años en que las mujeres estén representadas en pie de igualdad en puestos de poder y liderazgo en el lugar de trabajo y 47 años en lograr la igualdad de representación en los parlamentos nacionales». Las soluciones que se apuntan pasan por un liderazgo político, inversiones y unas reformas políticas integrales para desmantelar las barreras sistémicas que impiden alcanzar el ODS 5. Sin embargo, se echa en falta en los sucesivos informes anuales respuestas más concretas sobre como seguir avanzando.

En cuanto a los «Hallazgos del Índice de Género de los ODS 2024» realizados por Equal Mesures 2030 (EM2030) resultan inquietantes afirmaciones tan categóricas como que: «una niña que ha nacido hoy tendrá que esperar hasta su 97.° cumpleaños, más allá de su esperanza de vida, para celebrar una sociedad igualitaria», o que «entre 2019 y 2022, casi el 40 % de los países —que en 2022 eran hogar de más de 1.100 millones de mujeres y niñas— se estancaron o retrocedieron en igualdad de género» por lo que no parece que ningún país esté en camino de lograr la plena igualdad de mujeres y hombres. Incluso se sostiene que se está experimentado un retroceso respecto del punto de partida de los ODS en 2015, estando la puntuación por debajo de este.

Entre las cuestiones que explican este retroceso estarían las crisis que se han venido experimentando en los sucesivos decenios: conflictos bélicos en aumento, sistemas democráticos en peligro por la polarización política y social, así como un incremento de la desigualdad económica, o la reducción del espacio cívico. Por ello, el informe de EM2030 ha planteado a los gobiernos una serie de recomendaciones para hacer frente a las crisis globales y avanzar en este sentido: potenciar la participación de las mujeres en la vida pública; garantizar la aplicación de las leyes y políticas de igualdad; cuestionar desde una perspectiva interseccional la forma en que la ciencia de datos refuerza el poder así como la supuesta neutralidad del conocimiento que produce; aumentar los recursos e inversiones en servicios públicos de cuidado; atender a las necesidades de las niñas y adolescentes; apoyar a las organizaciones y movimientos feministas; y finalmente establecer la lucha por la igualdad de género y la justicia como una prioridad internacional frente a aquellos que hoy día están vulnerando sistemáticamente los derechos de mujeres y niñas.

III. Apunte final

Finalizando 2024 podemos decir, a la vista de lo expuesto, que no son buenos tiempos para la igualdad de género y para las sociedades democráticas en general. Si como se afirma en el Índice de Género de 2024, la niña que nazca hoy «tendrá que esperar hasta su 97.º cumpleaños, más allá de su esperanza de vida, para celebrar una sociedad igualitaria», debemos preguntarnos si no será necesario introducir ya determinados mecanismos para asegurar la rendición de cuentas, indicadores más claros y precisos, mayor transparencia en la implementación, incluso algunos recursos coactivos, previa evaluación de su impacto y con respeto a los derechos humanos, para lograr una involucración más firme y decidida de empresas, gobiernos, y sociedad civil en general, de manera que los ODS no queden en meras declaraciones de intenciones y sigan siendo ese valioso marco de referencia para abordar los desafíos globales más urgentes.

La niña del dibujo de Benjamín Palencia, de grandes ojos y brazo en jarras, parece interpelarnos desde un pasado en el que la igualdad ni siquiera existía como prioridad política. Su fuerte expresión contrasta con las líneas apenas trazadas de su figura, y hay algo en la firmeza de su mirada frente al espectador, tan inocente como inquisitiva, que nos plantea las eternas preguntas en torno a su lugar en el mundo, y nos invita a poner en marcha, desde la privilegiada posición de nuestro presente, todas las medidas precisas para darles respuesta.

6 AGUA LIMPIA Y SANEAMIENTO

Modest Cuixart I Tàpies

(Barcelona, 1925 –
Palafrugell, Girona, 2007)

- Litografía sobre papel, ejemplar 40/75.
- Medidas: 78 x 52 cm; 96 x 70 cm (marco).
- Procedencia: Colección particular.

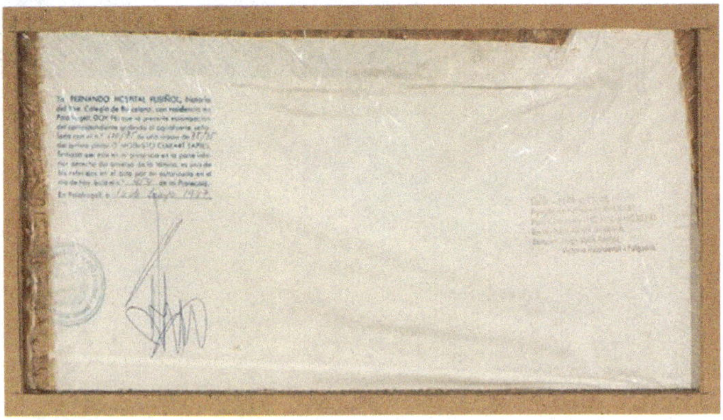

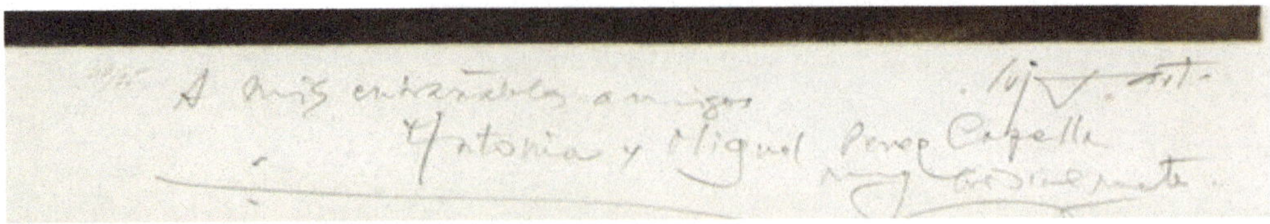

6

GARANTIZAR LA DISPONIBILIDAD DE AGUA Y SU GESTIÓN SOSTENIBLE Y EL SANEAMIENTO PARA TODOS

I. Detalles destacados de la obra y de su autor

Confundador de Dau al Set, Modest Cuixart ha expuesto su en la Tate Gallery de Londres y el Museo Guggenheim de Nueva York, y ha recibido las Cruces de Sant Jordi e Isabel la Católica, así como la Medalla de Oro al Mérito en las Bellas Artes. Está representado en el Museo Nacional Reina Sofía, la Tate Gallery de Londres, el Nacional de Arte de Cataluña, los de Arte Contemporáneo de Madrid, Barcelona y Saint-Etienne (Francia), el Patio Herreriano de Valladolid, el de Grabado Español Contemporáneo de Marbella, el de Arte de la Universidad de São Paulo, el de Arte Abstracto de Cuenca y el del Ampurdán, entre muchos otros.

II. Comentario general

La protección del derecho humano al agua emerge como una de las prioridades en la consolidación de los derechos económicos, sociales y culturales a nivel mundial. Este derecho, fundamental para la existencia humana, se basa en el acceso al agua potable, que debe ser suficiente, segura, asequible y accesible para todos. Dado que el agua es un recurso natural limitado y esencial para la vida y la salud, la comunidad internacional y los Estados han reconocido la necesidad de establecer un marco jurídico y social que garantice su acceso sin discriminación, preservando su calidad y disponibilidad para las generaciones futuras.

El agua como derecho humano fundamental

El derecho al agua es, en esencia, el reconocimiento de que toda persona necesita disponer de una cantidad mínima de agua potable diaria para satisfacer necesidades básicas como el consumo, la higiene y la preparación de alimentos. Este derecho se encuentra intrínsecamente ligado al derecho a la salud, la alimentación y una vida digna, lo que lo convierte en un elemento indispensable para el disfrute pleno de otros derechos humanos.

La comunidad internacional, en su esfuerzo por proteger los derechos humanos, ha promovido el reconocimiento del agua como un bien público, en lugar de tratarla como una mercancía. Este enfoque busca garantizar que los individuos no estén privados del acceso al agua debido a limitaciones económicas o barreras sociales. El agua es concebida, por lo tanto, no solo como un recurso, sino como un derecho inherente a la dignidad humana.

Normativa internacional y regional

A nivel global, la protección del derecho al agua se ha establecido a través de múltiples instrumentos internacionales. En 1948, la Declaración Universal de los Derechos Humanos implícitamente incluyó el agua dentro del derecho a un nivel de vida adecuado, al abordar aspectos como la salud y el bienestar. A partir de esta declaración, los tratados y pactos internacionales desarrollaron una base jurídica más sólida en la que el agua fue vista como un recurso indispensable. El Pacto Internacional de Derechos Económicos, Sociales y Culturales (PIDESC), aprobado en 1966, estableció que el acceso a recursos naturales, incluidos el agua y los alimentos, era fundamental para el desarrollo humano y económico, y debía garantizarse en condiciones de igualdad y no discriminación.

Desde el ámbito regional, en América Latina el derecho al agua se reconoce indirectamente en instrumentos como la Declaración Americana de los Derechos y Deberes del Hombre y el Protocolo de San Salvador, que vinculan este derecho con la salud y la alimentación, entre otros derechos sociales. Además, se han implementado normas específicas para proteger a los grupos vulnerables, tales como los niños, los ancianos, los desplazados y los pueblos indígenas, quienes enfrentan riesgos particulares de exclusión del acceso al agua potable.

Principios rectores del derecho al agua

Para que el derecho al agua sea efectivo, este debe cumplir con ciertos principios fundamentales. Los estándares de disponibilidad, calidad, aceptabilidad, accesibilidad y asequibilidad, propuestos por la Organización de las Naciones Unidas, buscan garantizar que el agua esté al alcance de todos sin importar las barreras físicas o económicas.

1. Disponibilidad: Toda persona debería disponer de una cantidad mínima de agua potable diariamente, lo suficiente para cubrir necesidades esenciales como el consumo, la higiene y la preparación de alimentos.
2. Calidad y Seguridad: El agua debe ser segura para el consumo humano, libre de contaminantes que puedan afectar la salud. Esto implica el establecimiento de controles rigurosos de calidad que sigan los estándares establecidos por la Organización Mundial de la Salud.
3. Aceptabilidad: Este principio responde a la necesidad de que los sistemas de agua y saneamiento respeten las preferencias culturales y sociales de cada comunidad, adaptándose a sus necesidades y tradiciones.
4. Accesibilidad Física y Económica: Las instalaciones de agua deben estar cercanas a las residencias, evitando así que las personas deban recorrer largas distancias para acceder a ella. Además, el costo del agua debe ser asequible, permitiendo que toda persona, independientemente de su situación económica, pueda obtener agua sin afectar su bienestar económico.
5. Asequibilidad: El costo del agua y el acceso a infraestructura relacionada deben ser económicamente accesibles para toda persona, evitando que el precio se convierta en una barrera que restrinja el acceso a este recurso vital.

Obligaciones del Estado para garantizar el derecho al agua

La responsabilidad de garantizar el derecho al agua recae en el Estado, quien debe implementar medidas tanto preventivas como correctivas para asegurar el acceso equitativo y suficiente al agua. En esta función, el Estado tiene tres obligaciones esenciales: respetar, proteger y cumplir con el derecho al agua.

- Respetar: El Estado debe abstenerse de cualquier acción que prive injustificadamente a los ciudadanos del acceso al agua, como el corte arbitrario del suministro. Este principio subraya la responsabilidad del Estado de respetar el acceso a servicios básicos de agua en todos los niveles.
- Proteger: Esta obligación implica que el Estado debe establecer normas y regulaciones que impidan que terceros interfieran en el acceso al agua. Por ejemplo, se deben implementar medidas para evitar la contaminación de las fuentes de agua por parte de industrias y particulares.
- Cumplir: El cumplimiento de este derecho requiere que el Estado facilite el acceso al agua a través de políticas, proyectos y financiamiento que permitan la instalación de redes de abastecimiento en áreas rurales y comunidades marginadas. Asimismo, debe promover la sensibilización de la población sobre la importancia del agua y fomentar el uso responsable del recurso.

La protección de grupos vulnerables

En la práctica, ciertos sectores de la población enfrentan mayores dificultades para acceder al agua potable, lo que ha llevado a la adopción de medidas específicas en su protección. Las mujeres, los niños, las personas mayores, los indígenas y los desplazados son considerados grupos vulnerables en el acceso al agua, debido a las condiciones económicas, geográficas y culturales que enfrentan.

- Mujeres y niños: Estos grupos, en muchas culturas, son los principales responsables de la recolección de agua para sus hogares. Sin embargo, la falta de fuentes de agua accesibles no solo afecta su salud, sino que también limita su tiempo para la educación y el desarrollo personal.
- Pueblos indígenas: Las comunidades indígenas suelen mantener una relación profunda y culturalmente significativa con el agua. Sin embargo, la explotación de sus territorios y recursos naturales amenaza la disponibilidad de agua potable, lo cual impacta sus medios de subsistencia y su identidad cultural.
- Personas desplazadas y refugiadas: Estos grupos a menudo residen en asentamientos sin acceso adecuado al agua potable y saneamiento. La provisión de agua en estos contextos es un factor crucial para garantizar condiciones de vida dignas y la prevención de enfermedades.

ODS 6: Agua para todos

El Objetivo de Desarrollo Sostenible 6 (ODS 6), planteado por las Naciones Unidas, aspira a garantizar la disponibilidad y gestión sostenible del agua y el saneamiento para todos. Este objetivo representa un pilar esencial dentro de la Agenda 2030, dada la interconexión del agua con otros ODS relacionados con la salud, el desarrollo económico, la sostenibilidad ambiental y la justicia social. El ODS 6 abarca aspectos que van desde la disponibilidad de agua potable, la gestión de aguas residuales, la reducción de la contaminación de los recursos hídricos y la eficiencia en su uso hasta la protección y restauración de los ecosistemas relacionados con el agua.

La equidad es un aspecto central en el ODS 6, que apunta a cerrar estas brechas. La falta de acceso a agua y saneamiento tiene un impacto desproporcionado en mujeres y niñas, quienes, en muchos contextos, son las principales encargadas de recolectar agua para sus familias, lo que a menudo limita su tiempo para la educación y el desarrollo personal. En este sentido, el acceso seguro y equitativo al agua también es un tema de igualdad de género y empoderamiento.

El cambio climático es uno de los mayores desafíos, ya que afecta la disponibilidad de agua dulce a través de fenómenos como sequías, derretimiento de glaciares y cambios en los patrones de precipitación. Estas alteraciones impactan directamente en la calidad y cantidad del agua disponible, especialmente en regiones que ya enfrentan escasez.

Por otro lado, la contaminación hídrica, debido a prácticas industriales, agrícolas y de gestión de residuos deficientes, es otro gran obstáculo. El uso excesivo de fertilizantes y pesticidas contamina ríos, lagos y acuíferos, lo que complica el acceso a fuentes de agua segura. La gestión de aguas residuales es particularmente desafiante en muchas ciudades en crecimiento, que carecen de infraestructura suficiente para su tratamiento.

III. Apunte final

Cuixart se caracterizó por su interés en la textura y la materialidad de sus obras, a menudo utilizando elementos naturales que remiten a la tierra y el agua, como arenas y pigmentos minerales. Este énfasis en los materiales puede verse como una reflexión implícita sobre la conexión humana con los recursos naturales. Al igual que el agua es fundamental para la vida y la salud humana.

La obra de Cuixart incluye formas abstractas que evocan flujos, líneas y texturas dinámicas, características que pueden interpretarse como alusiones al movimiento y la vitalidad del agua. En una litografía, estos trazos pueden sugerir el flujo de ríos o el caudal de agua, recordando la importancia de los ecosistemas acuáticos y su protección, un aspecto central del ODS 6. Cuixart, al representar estos flujos orgánicos, podría estar evocando la fluidez y fuerza del agua como fuente de vida, elementos esenciales que el ODS 6 busca preservar.

El estilo de Cuixart invita a pensar en el agua como un bien colectivo que necesita ser protegido y distribuido equitativamente. Así como sus composiciones pueden estar divididas en fragmentos o texturas múltiples, este enfoque puede simbolizar cómo el agua es un recurso común que conecta a las comunidades y necesita de una gestión colaborativa y justa, en línea con los principios del ODS 6.

El agua es un elemento central para la realización de los derechos humanos. Su reconocimiento como derecho fundamental refleja una visión en la que la dignidad y el bienestar de cada persona están por encima de cualquier consideración económica o comercial. La comunidad internacional y los Estados deben trabajar en conjunto para proteger y garantizar este derecho, promoviendo políticas que aseguren el acceso universal, sin discriminación y de manera sostenible.

A medida que el mundo enfrenta una crisis de recursos hídricos sin precedentes, el compromiso con el derecho al agua se convierte en una responsabilidad compartida que exige acciones coordinadas y solidarias. Solo mediante una gestión justa, inclusiva y respetuosa del agua se podrá asegurar un futuro en el que cada persona pueda disfrutar de una vida digna y saludable.

Referencias

Asamblea General de la Conferencia Mundial de la Alimentación. (1974). *Declaración universal sobre la erradicación del hambre y la malnutrición.* Resolución 3180 (XXVIII). https://www.ohchr.org/es/instruments-mechanisms/instruments/universal-declaration-eradication-hunger-and-malnutrition

Asamblea General de la Organización de los Estados Americanos. (1988). *Protocolo Adicional a la Convención Americana sobre Derechos Humanos en materia de Derechos Económicos, Sociales y Culturales «Protocolo de San Salvador».* https://www.oas.org/juridico/spanish/tratados/a-52.html

Asamblea General de las Naciones Unidas. (1948). *Declaración Universal de los Derechos Humanos.* Resolución 217 A (III). https://documents.un.org/doc/resolution/gen/nr0/046/82/pdf/nr004682.pdf

Asamblea General de las Naciones Unidas. (1966). *Pacto Internacional de Derechos Económicos, Sociales y Culturales.* Resolución 2200 A (XXI). https://www.ohchr.org/es/instruments-mechanisms/instruments/international-covenant-economic-social-and-cultural-rights

Asamblea General de las Naciones Unidas. (1979). *Convención sobre la Eliminación de todas las Formas de Discriminación contra la Mujer.* ONU. https://www.ohchr.org/es/instruments-mechanisms/instruments/convention-elimination-all-forms-discrimination-against-women

Asamblea General de las Naciones Unidas. (1989). *Convención sobre los Derechos del Niño.* ONU. https://www.ohchr.org/es/instruments-mechanisms/instruments/convention-rights-child

Comisión de Derechos Humanos de las Naciones Unidas. (1998). *Principios rectores de los desplazamientos internos.* ONU. https://www.acnur.org/fileadmin/Documentos/BDL/2001/0022.pdf

Comité de Derechos Económicos, Sociales y Culturales. (2002*). Observación general No. 15: el derecho al agua (artículos 11 y 12 del Pacto Internacional de derechos económicos, sociales y culturales).* ONU. https://agua.org.mx/wp-content/uploads/2017/06/Observacion-15_derecho_al_agua.pdf

7 ENERGÍA ASEQUIBLE Y NO CONTAMINANTE

Gerardo Delgado

(Olivares, Sevilla, 1942)

Sin título

- Grabado al aguafuerte sobre papel. Ejemplar 22/75.
- Medidas: 60 x 74 cm (huella); 63,5 x 77,5 cm (papel); 84 x 99 cm (marco).
- Procedencia: Colección particular.

7

GARANTIZAR EL ACCESO A UNA ENERGÍA ASEQUIBLE, SEGURA, SOSTENIBLE Y MODERNA PARA TODOS

I. Detalles destacados de la obra y de su autor

Es compleja la labor de definir el arte en una sociedad contemporánea. La imagen que nos muestra una obra pictórica es un medio de expresión, de comunicación de ideas, de intercambio de experiencias que penetra el alma de quien la observa y que le trae recuerdos de aspectos relacionados con: las noticias, una vivencia, una necesidad, una cultura, etc. Para poder reflejar este parecer encontramos obras de arte que se materializan en diversas técnicas. En el grabado que tenemos ocasión de analizar es una de ellas. Esta pieza constituye la número 22 de una colección que suma un total de 75 ejemplares. La réplica de los diferentes estampados es posible, gracias a una técnica denominada 'aguafuerte sobre papel'. El ejemplar examinado se encontraba en la colección particular del autor, hasta el momento de su fallecimiento en marzo de 2024.

La técnica del grabado al aguafuerte sobre papel consiste en una técnica indirecta de grabado calcográfico. Esta técnica es conocida desde el siglo XV y se empleó, en un primer momento, como complemento del buril en los grabados de talla dulce[1]. Sin embargo, se desa-

1 Blas, J. (dir.), «Diccionario del dibujo y la estampa: vocabulario y tesauro sobre las artes del dibujo, grabado, litografía y serigrafía». *Real Academia de Bellas Artes de San Fernando,* Calcografía Nacional, Madrid, 1996. Ver en el Taller del Prado, técnica 'aguafuerte': https://www.tallerdelprado.com/tecnica/aguafuerte/?v=04c19fa1e772 Fecha de última consulta: 08.10.2024.

rrollaría a comienzos del siglo XVI ofreciendo gradaciones de tonos muy finas. Algunos de los artistas más famosos que la emplearon fueron Rembrandt, Van Dyck, Guido Reni, Ribera y Goya[2]. La fórmula con la que el artista logra materializar la obra consiste en el empleo de una plancha que ha sido previamente recubierta con un barniz que actúa como un agente protector sobre el que el pintor, o en este caso, el grabador, con una punta metálica se asegura que la punta toca la superficie de metal sin tan siquiera surcarla. Una de las ventajas es que al no rozarla pueden corregirse los errores que se cometan con el simple empleo de un pincel mojado en barniz. En caso contrario, el surco que se haya producido con el movimiento de la punta metálica quedará permanente y el defecto se hará visible. Una vez realizado se sumerge la lámina en una cubeta de ácido mordiente rebajado con agua aguafuerte, de ahí el nombre que caracteriza a este trabajo. La profundidad de las tallas resultantes dependerá del tiempo al cual ha sido expuesta la lámina al ácido y la concentración que disponga. Por lo tanto, la dificultad de esta técnica se encuentra en el periodo de corrosión al que ha sido expuesto el dibujo. Una vez finalizado este proceso, se procede a la limpieza del barniz con un paño empapado de alcohol dejando la lámina en condiciones para poder ser estampada[3]. La obra cuenta con dos tonalidades, negro y morado, lo cual permite dar protagonismo a una zona sobre la otra.

La técnica del grabado se muestra más sostenible en nuestros días respecto a su origen. Urs Graf (Soleure 1485-Bâle 1527) es uno de los primeros en utilizar el aguafuerte y sus primeras estampas conocidas son del 1513. Dos años después Albert Dürer utilizaría los ácidos para grabar sobre hierro[4]. En sus inicios, el aguafuerte de los orfebres no se utilizaba para grabar sino para disolver metales como el mercurio, el cobre, el estaño, la plata, etc., lo cual lo convertía en un material altamente contaminante. Tras cambiar de forma a barniz blando, a fin de garantizar una mejora en el dibujo, se descubrió la fórmula de un barniz más denso que permite que su empleo sea mucho más sostenible que en las fórmulas anteriores. El barniz duro para grabar al aguafuerte tradicional se presenta líquido o sólido (barniz de bola). En el grabado alternativo podemos utilizar diversos productos para barnizar la matriz con el objeto de anular la acción de los mordientes. Un ejem-

---

2 Larousse, *Diccionario de Arte I,* Larousse, Barcelona, 2003, pp.11-12.

3 Figueras Ferrer, E., «El grabado al aguafuerte con sales corrosivas: el legado de los clásicos», *Bellas Artes*, núm. 9, abril 2011, pp. 107-123.

4 Blum, A., *Les origines du papier*, La Tournelle, Paris, 1935, p.164

plo de ello es el manejo de una resina manual para hacer una aguatinta, se trata de un elemento de grabado no tóxico que permite que esta técnica sea más consciente con el respecto al medio ambiente[5].

Por lo que respecta a su autor, Gerardo Delgado es un artista nacido en Olivares (Sevilla) en 1942 y que ha sido reconocido internacionalmente. Comenzó su formación en 1959 en su capital natal cursando estudios de Arquitectura. En 1967 fue galardonado, en su tercera convocatoria, con el premio de la mítica galería *La Pasarela*[6], por dos relieves geométricos que el espectador puede manejar para crear sus propias composiciones. En una primera etapa acudió al Centro de Cálculo de la Universidad de Madrid para ahondar en sus investigaciones sobre el color y la geometría, un asunto que le serviría de inspiración durante toda su carrera. Entre 1969 y 1971 forma parte del Seminario de generación automática de formas plásticas de la Universidad de Madrid. Compagina su trabajo en el campo de las Artes con su labor docente, siendo profesor de Análisis de Formas Arquitectónicas en la Escuela de Arquitectura de Sevilla entre 1968 y 1990. A partir de 1982 comienza, de manera continuada, a trabajar en el diseño gráfico y el montaje de exposiciones, tanto en la Fundación La Caixa de Madrid como en otras instituciones, interviniendo en más de 70 muestras.

En 1978 fundó la Revista Separata de Literatura y arte. Ha expuesto en numerosas ocasiones. Así lo muestran importantes galerías que poseen colecciones y obras del artista como, por ejemplo, el Museo y Centro de Arte Reina Sofía de Madrid, el Centro Andaluz de Arte Contemporáneo, la Colección Helga de Alvear y el Centro Atlántico de Arte Moderno entre otros. En 1984 traslada su estudio a Olivares y es a partir de ese momento cuando hacer series de obras se convierte en su sistema de trabajo y su pintura presenta un interés creciente en mezclar orden y caos; partiendo de planteamientos geométricos puros crea bruscos contrastes de formas y colores. Desde 1996 se incorpora al Departamento de Proyectos de la Escuela de Arquitectura de Sevilla. Con una amplia y dilatada carrera artística, cuenta con innumerables exposiciones a nivel nacional e internacional y en 2017 el Centro Andaluz de Arte Contemporáneo organizó la exposición

5 FIGUERAS, E., KIEKEBEN, F. y GREEN, C., «La sostenibilidad en el grabado», en la obra *El grabado no tóxico,* Universitat de Barcelona, 2008, pp. 1-35.

6 VÁZQUEZ, J.C., «Muere Gerardo Delgado, figura esencial de la abstracción española», *Diario de Sevilla,* 06 de marzo de 2024. Véase en: https://www.diariodesevilla.es/ocio/gerardo-delgado-muere_0_1882011978.html# Fecha de última consulta: 08.10.2024.

retrospectiva «Gerardo Delgado, aprender de todas las cosas» donde se podía disfrutar de una muy amplia panorámica de su trabajo[7].

II. Comentario general

El sector energético está experimentando un crecimiento, respecto a su consumo, muy significativo en los últimos tiempos. En la mayoría de los casos, se sustenta, fundamentalmente, sobre los recursos fósiles que provocan la emisión de gases con efecto invernadero que perjudican gravemente al medio ambiente. Para hacer frente a este escenario es importante que cobren un mayor protagonismo las energías renovables. Esta cuestión no escapa a la Agenda 2030 y es por ello por lo que le ha dedicado una de sus metas a alcanzar.

Así pues, hablar del Objetivo de Desarrollo Sostenible 7 (en adelante ODS 7) que defiende la idea de «Garantizar el acceso a una energía asequible, segura, sostenible y moderna para todos» es hacerlo de un ámbito de actuación muy característico de los poderes públicos. Algunas de las razones que han generado que durante décadas el sector de la energía se convierta en un objeto de atención primaria de las políticas económicas son las mismas que alimentan el debate en torno a cómo lograr que su uso sea más responsable con el medio ambiente.

La primera de las razones que se esgriman es que se trata de *un sector «clave»* en la economía mundial. La cuestión que lo coloca en el epicentro no es solo por lo que revela su metodología sino por la incidencia que cobra sobre la inflación, puesto que resulta ser esta una variable que se encuentra en continua observancia por parte de los gobiernos. Además, al tratarse de un sector del cual dependen de forma vital el resto, requiere de un suministro garantizado y en condiciones competitivas de coste y calidad. En segundo lugar, cabe poner atención en su *carácter estratégico* que se advierte desde el punto de vista de las relaciones comerciales con el exterior. En tercer lugar, no faltan *razones técnicas* a fin de poder abordar la necesidad clásica de intervenir unos mercados en los que «fallaba el mercado» con el argumento de monopolio natural y que en nuestros días ha evolucionado de tal forma que ha dado lugar a una robusta competencia en el sector. De estos tres aspectos podemos deducir, en suma, que

7 Galería Rafael Ortiz, *Gerardo Delgado, Olivares*, 1942. Ver en la página web: https://www.galeriarafaelortiz.com/gerardo-delgado/. Fecha de última consulta: 08.10.2024.

perviven razones técnicas, económicas y políticas que han movido a la intervención pública en los mercados energéticos de los diferentes Estados.

Como hemos podido avanzar esta concepción clásica, que define al sector eléctrico, ha cambiado en algunos de sus rasgos con el transcurso del tiempo. Esta transformación no se da tanto en su carácter estratégico como en lo que respecta a la competencia y al modo en que los poderes públicos pueden, o en su caso deben, intervenir. A todo ello contribuyen algunos avances técnicos que se han producido en el sector. Este es el caso de nuevas formas de generación energéticas más sostenibles que hacen que nos planteemos la necesidad de hacer uso de estas fuentes de energía limpias desde la conciencia de que su manejo puede contribuir a reducir la huella de carbono. Como diría con justicia el profesor Gaspar Ariño Ortiz, *«poco a poco debe ir abriéndose paso a una nueva cultura regulatoria, que implica que los poderes públicos ajusten sus decisiones sobre los sectores energéticos a los objetivos que todo sistema energético debe alcanzar: hacer asequible a los usuarios unos suministros energéticos eficientes, en términos de precios y/o costes, sin poner en riesgo la seguridad del suministro y atendiendo a las exigencias derivadas de los compromisos de lucha conta el cambio climático (sustentabilidad)*[8]*»*.

En esta intención, el proceso de transición energética ha ido alcanzando un lugar primordial y central en la agenda internacional. Las principales tecnologías renovables implantadas hasta la fecha son la eólica y la solar, aunque perviven otras tales como la energía hidroeléctrica, oceánica y geotérmica, de la biomasa y de los biocombustibles. Centrándonos en las dos primeras, plantean a su vez la problemática derivada de su carácter intermitente que impide que sean gestionables. En este contexto, los gases renovables tales como el biogás, biometano e hidrógeno renovable se convierten en otras fórmulas que irrumpen con fuerza a fin de poder completar las fuentes renovables ya existentes, dotando de este modo al sistema de una mayor y mejor gestión[9]. Sean o no más o menos gestionables, todas estas opcio-

---

8 Ariño Ortiz, G. y Del Guayo Castiella, I, «¿Qué fue de los principios inspiradores de la liberalización energética, veinte años después de su iniciación?», *Cuadernos de Energía*, núm. 53, 2017, pp. 35-42.

9 Leiva López, A., «La regulación del hidrógeno renovable en España», en la obra de Del Guayo Castiella, I. y Mellado Ruiz, L. (Dirs.), *Retos regulatorios de los gases renovables en la economía circular,* Marcial Pons., Madrid, 2023, pp. 149-150.

nes cobraran un papel fundamental en la persecución de los objetivos energéticos para el 2030 que quedarían definidos por:

- Un 48 % de renovables sobre el uso final de la energía.
- Un 44 % de mejora de la eficiencia energética en términos de energía final.
- Un 81 % de energía renovable en la generación eléctrica.
- Una reducción de la dependencia energética de hasta un 51 %[10].

Algunos resultados ya son patentes. Para 2030, el objetivo de acuerdo con la Directiva de energías renovables es de al menos el 32 %. En España, en el año 2015 la proporción de energías renovables en el consumo final bruto de energía fue del 16,2 % mientras que en el año 2021 fue del 20,7 %. Esto significa un crecimiento de 4,5 puntos porcentuales[11].

En estos y otros muchos aspectos, resulta fundamental animar a una transición energética, que no solo sea sostenible, sino que también sea justa. Por este término nos referimos al hecho de que necesariamente incluya instrumentos de reducción de la desigualdad y apoye a los consumidores más vulnerables para coordinar el fuerte crecimiento de la demanda energética con los objetivos climáticos globales. La intención es que ningún ciudadano se quede atrás. Una transición energética sostenible y justa se convierte así en una oportunidad que permitirá sentar las bases sobre las que construir una nueva economía que sea consciente con el medio ambiente y que a su vez sea competitiva, de modo que creará nuevos empleos y aumentará la inversión, posibilitando un impulso a la innovación y al desarrollo empresarial.

En definitiva, el ODS 7 se dibuja en dos franjas temporales a fin de cumplir este doble objetivo. Por un lado, pretende a corto plazo garantizar el acceso universal a una energía asequible, segura, sostenible y moderna, para mejorar las condiciones de vida de millones de

10 Serrano, A, «Avance en España respecto a los ODS ambientales 2024», 10 de julio de 2024. Ver en la página web: https://fundacionsistema.com/avance-en-espana-respecto-a-los-ods-ambientales-2024/. Fecha de última consulta: 11.10.2024.

11 Instituto Nacional de Estadística, *Objetivo de Desarrollo Sostenible 7/17*, Boletín Informativo del Instituto Nacional de Estadística, 2024. Véase la página web: https://www.ine.es/ss/Satellite?L=es_ES&c=INECifrasINE_C&cid=1259953890986&p=1254735116567&pagename=ProductosYServicios%2FINECifrasINE_C%2FPYSDetalleCifrasINE. Fecha de última consulta: 10.10.2024.

personas, con base a un sistema energético más justo. Pero también, persigue determinados objetivos a largo plazo tales como aumentar el uso de energías renovables en detrimento de los combustibles fósiles. Su cumplimiento dependerá, por un lado, de la decisión con la que emprendan estas iniciativas los diferentes Estados y sus dirigentes, a través de políticas públicas que animen a la inversión en fuentes de energías renovables. Y, por otro, de una mayor información y conciencia ciudadana sobre las consecuencias que conlleva el uso de unas u otras modalidades energéticas. De la convergencia de esfuerzos entre los poderes públicos y la ciudadanía dependerá el éxito de esta meta.

III. Apunte final

El arte es la fusión entre la comunicación de ideas que se exponen y las que los espectadores reciben. Esta representación contribuye a que podamos adquirir una conciencia profunda sobre los problemas que afectan a una sociedad en un momento determinado. El cambio climático es uno de los problemas que han sido puestos de relieve en el albur del siglo XXI y que constituye un objetivo a perseguir por parte de los poderes públicos si lo que buscamos es mejorar no solo la calidad de vida de los ciudadanos sino también la de la flora y la fauna que les rodean.

Esta reflexión nos hace adentrarnos en una observancia del arte moderno, en el que se enmarca la obra, desde dos perspectivas: por un lado, como un intento de conexión con los demás —el mundo que nos rodea— y, por otro lado, como una forma de inmersión en la propia vida y la de los demás, como un medio y un fin. Si pensamos en profundidad sobre este argumento, las energías renovables constituyen una oportunidad para el cambio y para lograr una mejora de nuestra comunidad.

La pintura no se creó como un elemento decorativo, sino que se convierte en un instrumento a través del cual el artista maneja como un elemento de guerra ofensiva y defensiva contra el enemigo[12]. En este caso, si bien es cierto que la energía constituye un elemento muy importante para desarrollar nuestra cotidianidad, si hacemos

12 Junta de Andalucía, Delgado G.: «Aprender de todas las cosas, Centro Andaluz de Arte Contemporáneo», Consejería de cultura y patrimonio histórico, Centro Andaluz de Arte Contemporáneo 7 de abril - 3 de septiembre de 2017, p. 25. Véase en la página web: https://www.caac.es/descargas/cat_gdel17.pdf Fecha de última consulta: 09.10.2024

uso de combustibles fósiles, estaremos contribuyendo y agravando el cambio climático. Es por ello importante llevar a cabo mecanismos que favorezcan el uso de las energías renovables y favorecer que su manejo se encuentre al alcance de todos los ciudadanos. De nada serviría crear fórmulas más conscientes con el medio ambiente si la sociedad no es capaz de asumirlas desde un punto de vista económico. Es por ello por lo que la obra, se muestra como un instrumento agresivo y silencioso que puede enmarcar las actitudes existentes en la sociedad que desea ver nuevas fórmulas que permitan que entre todos consigamos una mejora en el medio ambiente. Esta medida no será suficiente si no le sigue un cambio en la conciencia social, desde la cultura y la formación. Es importante educar a la sociedad hacia un consumo responsable y el ahorro energético con el fin de alcanzar un espacio más sostenible y que este se mantenga, no solo de forma puntual sino también a lo largo del camino.

El artista fue educado en el minimalismo. En este sentido sigue la doctrina del «menos es más» de Ludwig Mies Van Der Rohe[13] a fin de poder encontrar cuál es el problema y así poder indagar en posibles soluciones más adecuadas desde la arquitectura, el arte y la sociedad. Es conocedor de que las decisiones que adopten los poderes públicos serán, del mismo modo que un artista en un cuadro, determinantes para el resultado final y en el efecto o repuesta que logre en los espectadores que dedican su tiempo a contemplarlo. Es por ello, que hay que escoger el color exacto. Esta labor no es sencilla, somos conocedores de que para lograrlo hay que buscar, encontrar y pulir el tono y ajustarlo a las demandas del lienzo. Al igual que el cuadro que nos ofrece el autor cuyos colores no son escogidos al azar. Evidencian una realidad social donde las tonalidades oscuras marcan la sensación que el artista desea expresar, representando un escenario contenido, sobrio que, como sociedad, podemos contribuir a iluminar. Según escojamos definitivamente sobre las acciones que vamos a desarrollar, en estos términos si hacer uso de energías renovables o no, repercutirá en el sentido del cuadro, y la suerte de la sociedad, haciendo que vaya hacia un lado o hacia otro. Por lo tanto, nuestras acciones determinarán el futuro climático ofreciéndonos unos resultados u otros dependiendo de nuestras elecciones.

13 Guayabero, O., «Menos es más… más o menos», *Gráffica*, 20.11.2021. Véase en la página web: https://graffica.info/menos-es-mas-mas-o-menos-por-oscar-guayabero/ Fecha de última visita: 09.10.2024

En definitiva, el ODS 7 nos da a conocer la problemática y nos anima a escoger aquellas energías que sean más favorables y consecuentes con el medio ambiente. El arte no es más que el conjunto de elecciones que realiza el artista pero que se reflejan en el resultado final de la obra, convirtiéndola en más o menos atractiva para el interlocutor y la propia parte actora. Aunque las obras artísticas en muchos casos son fruto de un azar, puesto que carecen de leyes lógicas de la necesidad, al igual que el cuadro que ha sido escogido para este análisis debe pasar por el tamiz de la conciencia y de la elección. Se trata esta de una decisión que puede determinar nuestra existencia y la de generaciones futuras.

8 TRABAJO DECENTE Y CRECIMIENTO ECONÓMICO

Emilio Sala Francés

(Alcoy, Alicante, 1850 – Madrid, 1910)

«El estudio del pintor»

- Óleo sobre lienzo. Reentelado.
- Medidas: 39,5 x30 cm; 56 x 45 cm (marco).
- Procedencia: Colección particular.

8

PROMOVER EL CRECIMIENTO ECONÓMICO SOSTENIDO, INCLUSIVO Y SOSTENIBLE, EL EMPLEO PLENO Y PRODUCTIVO Y EL TRABAJO DECENTE PARA TODOS

I. Detalles destacados de la obra y de su autor

Formado entre Valencia, Madrid, Roma y París, Emilio Sala cuenta entre sus galardones con dos primeras medallas de la Exposición Nacional de Bellas Artes, una segunda en la Universal de París y otra de oro en la de Berlín. Fue catedrático de San Fernando y académico de mérito de la Academia de Bellas Artes de Roma, y recibió la Cruz de San Miguel (Munich) y la Gran Cruz de la Orden de Isabel la Católica. Está representado en la Hispanic Society de Nueva York, el Museo del Prado, el de Arte Moderno de Madrid, el Lázaro Galdiano y el Nacional de Bellas Artes de Santiago de Chile, entre muchos otros.

II. Comentario general

A semejanza del cuadro que ilustra este objetivo que nos muestra todos los elementos del estudio de un pintor, el ODS 8 contiene todos los mimbres que son necesarios para hacer que la maquinaria siga funcionando, en la medida que pretende *promover el crecimiento económico inclusivo y sostenible, el empleo y el trabajo decente para todos*.

La pandemia de Covid-19 que sufrimos en el año 2020 tuvo, además de sobre la salud, terribles efectos económicos: una caída en picado del PIB mundial, empleos destruidos que llevaron a tasas de desempleo récord, difíciles condiciones económicas de las familias que empujaron a muchos trabajadores hacia empleos informales... Estas manifestaciones incidieron de manera desproporcionada como suele ser habitual, sobre los jóvenes y las mujeres en los mercados laborales, lo que supuso agrandar la brecha que históricamente arrastran ambos colectivos.

Teniendo en mente por tanto la importancia del crecimiento y el desarrollo económico debe sin embargo resaltarse que no cualquier crecimiento económico supone la consecución del ODS 8. El objetivo debe ser fomentar y llegar a desarrollar un crecimiento sostenido *inclusivo y sostenible* de la economía, pero procurando en este empeño de aumentar los empleos, que los puestos de trabajo que se generen para conseguirlo puedan calificarse como de *decentes*.

Se nos abren pues varias cuestiones: por un lado, el tema de cómo conseguir un crecimiento *sostenido*, que ineludiblemente pasa por incrementar la productividad económica. Si bien parece sencillo, los datos de agencias internacionales ponen de manifiesto que la tasa de crecimiento de la productividad total de los factores se ha ralentizado en todas las economías, siendo así la principal causa de la debilidad del crecimiento mundial. Y esta situación desalentaría la inversión en capital y tecnología, lo que redundaría en una menor productividad que enlazaría en un bucle prefecto de desaceleración. Como se viene señalando desde hace tiempo, es imprescindible una mayor y más eficiente asignación de recursos (de capital y de trabajo) hacia empresas que sean más productivas.

Y es aquí donde hay que poner la atención en la consecución del ODS 8, puesto que las reformas estructurales que se plantean para aumentar esta productividad pueden incidir sobre derechos esenciales si no se acompasan de actitudes y visiones semejantes entre empresas y Estados.

La propia ONU advierte de que *la consecución del Objetivo 8 exigirá una reforma en profundidad del sistema financiero para hacer frente al aumento de la deuda, a la incertidumbre económica y a las tensiones comerciales, promoviendo al mismo tiempo una remuneración equitativa y un trabajo digno para los jóvenes.*

El concepto trabajo digno o trabajo decente implica mucho más que una frase. Naciones Unidas viene perfilando este concepto como aquel trabajo que permita a las personas *tener la oportunidad de rea-*

lizar una actividad productiva que le aporte un ingreso justo, seguridad en el trabajo y protección social para su familia, ofreciéndole de este modo mejores perspectivas de desarrollo personal que favorezcan su integración social. Se entremezclan de este modo distintos derechos humanos y la consecución de otros ODS, puesto que a través de él se busca erradicar la pobreza (ODS 1) y la reducción de las desigualdades (ODS 10). Es decir, y como hemos señalado antes, el hecho de crear empleo no es suficiente por sí mismo, sino que éste debe ser un trabajo de calidad, bien remunerado, que impacte de forma positiva en la vida de los trabajadores y en el crecimiento de la economía.

Solo cuando se invierte en empleo decente crece la economía de los países a una mayor velocidad, como lo afirman los distintos informes elaborados por la OIT. Y ello nos lleva de nuevo a hablar del binomio empresas y derechos humanos, puesto que en la medida que las empresas sean conscientes del impacto de sus actuaciones sobre los derechos humanos podrán incluir entre sus objetivos empresariales la protección de estos.

De un tiempo a esta parte un sector de la comunidad internacional está dedicando su atención al comportamiento de las empresas en la medida en que son conscientes de que el auge de una economía cada vez más global que ya no está firmemente enraizada en los Estados-nación, ha conducido a un déficit de gobernanza de grandes dimensiones y al mismo tiempo a la exigencia de más gobernanza. El actual mundo globalizado y mercantilizado constata que en demasiadas regiones del planeta la gobernanza la ejercen empresas, que obedecen a planteamientos económicos, que doblegan o dejan en un segundo nivel la protección y atención a los derechos humanos o las garantías sociales, laborales, sanitarias...

Es importante caer en la cuenta del hecho de que esta «colonización empresarial» de la gobernanza real ha estado provocando una (casi) ausencia de normativa reguladora de las relaciones entre derechos humanos y empresas por la fuerza que ejercen estas multinacionales o sus grupos de presión sobre Estados y organismos internacionales involucrados en la elaboración de los textos legales y que, en último término, incluso en aquellos supuestos en los que se ha conseguido regular, no se ha garantizado el acceso a la justicia para una gran mayoría de los afectados por estas actividades empresariales.

La protección de los derechos humanos, y la consecución también de los ODS que vienen aparejados a este binomio, ha quedado así en la mayoría de las ocasiones en meros requisitos formales que llevan a desarrollar ejercicios de cumplimiento, pero que no dan respuesta ni protección a los derechos que tratan de proteger o remediar. Sirva de muestra de lo que apuntamos la aplicación del Reglamento 2017/821 *por el que se establecen obligaciones en materia de diligencia debida en la cadena de suministro por lo que respecta a los importadores de la Unión de estaño, tantalio y wolframio, sus minerales y oro originarios de zonas de conflicto o de alto riesgo* en la medida que, igualado el proceso de diligencia debida a uno de gestión o comunicación, las empresas acabaron implementando una mera demostración pública de valores y compromisos de «hacerlo mejor», en vez de un ejercicio substancial y material de entender, escrudiñar y limpiar su cadena de suministro para realmente hacer bien las cosas.

Las repercusiones que las actividades empresariales tienen en cuanto al empleo en una concepción amplia del término han supuesto llegar, como consecuencia de la menor vigilancia y atención por parte de la doctrina, a una relajación normativa nada beneficiosa para los trabajadores involucrados en las mismas. Y el peso de ello debe recaer sobre aquellas empresas, sobre todo transnacionales, puesto que poseen la virtud de tener múltiples localizaciones y por tanto tienen la capacidad real de seleccionar tanto el nivel de determinación de los estándares de trabajo vigentes en el lugar que han elegido como sede de su producción, como el de la aplicación eficaz de dichos estándares, en función del contexto normativo y judicial del país que se trate y su posición relativa en el mismo, buscando la mayor productividad posible.

Si todos estamos de acuerdo con el hecho de que hay empresas que tienen más poder que el Estado en el que desarrollan sus actividades, es indudable que parte de la responsabilidad en la garantía de los derechos humanos y la consecución de nuestro ODS 8 ha de recaer en ellas.

La realidad sin embargo nos muestra que contar con tal potencial no está implicando necesariamente que lo hayan desarrollado.

La consecuencia lógica ante esta realidad ha hecho que se intensifiquen los esfuerzos de algunos legisladores nacionales que tratan de minimizar los riesgos de las actividades empresariales, al tiempo que buscan mitigar los impactos negativos que las mismas producen.

III. Apunte final

Retomo mis primeras palabras. El ODS 8 contiene todos los mimbres que son necesarios para hacer que la *maquinaria* siga funcionando.

Es imprescindible contar con un crecimiento económico sostenido, inclusivo y sostenible, porque ello generará empleo y posibilidades de una vida y un futuro mejor. Pero este empleo pleno y productivo, debe hacerse desde la idea de generar un trabajo decente para todos. Para ello las empresas deben esforzarse por integrar en sus objetivos empresariales la búsqueda de condiciones laborales dignas en toda su cadena de valor procurando la no discriminación en las contrataciones, la capacitación y la promoción.

Y para ello, será imprescindible llevar a cabo e integrar procesos de debida diligencia en derechos humanos en la empresa, evaluando los posibles impactos negativos a través de toda su cadena de valor, para prevenirlos, mitigarlos y remediarlos, poniendo especial atención a situaciones que afecten a menores (para prevenir el trabajo infantil) y mujeres (para luchar contra la desigualdad de género y las brechas salariales), y sobre todo poniendo especial foco a situaciones de esclavitud moderna.

Conseguir *promover el crecimiento económico inclusivo y sostenible, el empleo y el trabajo decente para todos* no es solo un ODS más, es una necesidad para salir adelante como sociedad y como seres humanos.

9 INDUSTRIA, INNOVACIÓN E INFRAESTRUCTURA

Juan García Ripollés

(Alzira, Valencia, 1932)

«Mujer en Rojo»

- Grabado sobre papel artesanal. Ejemplar 29/99.
- Medidas: 25 x 21 cm (pisada); 49 x 34 cm (papel); 69 x 55 cm (marco).
- Procedencia: Colección particular.

9

CONSTRUIR INFRAESTRUCTURAS RESILIENTES, PROMOVER LA INDUSTRIALIZACIÓN INCLUSIVA Y SOSTENIBLE Y FOMENTAR LA INNOVACIÓN

I. Detalles destacados de la obra y de su autor

Conocido por su segundo apellido o como «el Beato Ripo», Joan García Ripollés descubrió su pasión por la pintura cuando, siendo aún muy joven y en plena posguerra, entró a trabajar en un taller de pintura industrial. Desde entonces se dedicó a pintar por las noches, y más tarde recibió clases de dibujo en el instituto Ribalta de Castellón. Tras su debut en una colectiva celebrada en 1951 en la Caja de Ahorros de Castellón, en 1954 se produce un punto de inflexión en su carrera, a consecuencia de un viaje a París en el que estableció contacto con los círculos artísticos de la ciudad. No obstante, no pudo dejar la pintura industrial hasta 1958, momento en que se incorpora a la galería Drouand David de París, una de las más prestigiosas del mundo. Organiza su primera muestra individual de importancia en el Museo de Arte Contemporáneo de Barcelona, en 1962, y en 1967 viaja a Nueva York, donde expone y vende toda su colección a The William Haber Art Collection. Ese mismo año, el marchante neoyorquino Leon Amiel, de la galería Larrouse, adquiere toda su obra, algo que se repetirá en su viaje a Japón. Desde este momento se inicia una fulgurante carrera internacional que ha llevado su obra por todo el mundo. Ha organizado muestras individuales no sólo en España, París y Nueva York, sino también en México, Holanda, Bélgica, Italia, Suiza, Suecia, diversas ciudades estadounidenses, Alemania y Japón. Actualmente es artista exclusivo de The William Haber Art de Nueva York y de la Galerie Drouand de París. En el año 2000 se le concedió el Premio de las Artes de la Comunidad Valenciana. Ripollés se define a sí mismo como «adulto inmaduro» y, ante todo, «desenfadado, un poco picaresco y con algo de ingenuidad», palabras que reflejan su exuberante espíritu creativo, su carácter sencillo y extrovertido y su alma de niño. Ripollés es, hoy en día, uno los artistas españoles más internacionales, y también uno de los más completos, ya que ha trabajado con brillantez la pintura, la escultura y el grabado. Está representado en el IVAM, el MOMA de Nueva York, el Museo de la Universidad de Alicante, el de Bellas Artes de Sevilla y el Museo de Arte Contemporáneo de Barcelona.

II. Comentario general

Las **ODS** u **Objetivos de Desarrollo Sostenible** son una serie de 17 objetivos globales adoptados en 2015 por la Asamblea General de la Organización de las Naciones Unidas (ONU) para abordar los principales desafíos sociales, económicos y ambientales que enfrenta el mundo. Estos objetivos están diseñados para guiar a los países en la construcción de un mundo más sostenible, inclusivo y equitativo para 2030, y que se analizan individualmente a lo largo de este trabajo.

Cada uno de los objetivos se divide en metas específicas, con indicadores para medir el progreso. Los ODS buscan involucrar a gobiernos, empresas, organizaciones y ciudadanos para hacer realidad un desarrollo global sostenible.

En este apartado vamos a comentar el **Objetivo de Desarrollo Sostenible 9 (ODS 9)** de las Naciones Unidas, que tiene como propósito construir infraestructuras resilientes, promover la industrialización inclusiva y sostenible, y fomentar la innovación. Estos elementos son fundamentales para el crecimiento económico sostenible y el bienestar de las sociedades. Sus objetivos se vertebran en tres metas:

1. **Construir infraestructuras resilientes**

   - **Infraestructuras resilientes**: Se refiere a desarrollar sistemas de transporte, energía, agua y telecomunicaciones que puedan resistir y recuperarse de desastres, cambios climáticos y otros impactos. La resiliencia en infraestructuras es crucial para garantizar la continuidad de los servicios esenciales y reducir las pérdidas en caso de catástrofes.

- **Acceso equitativo**: Estas infraestructuras deben ser accesibles para todos, independientemente de su ubicación o nivel económico.

2. **Promover la industrialización inclusiva y sostenible**
   - **Inclusión**: La industrialización debe incluir a todas las poblaciones, permitiendo la creación de empleos y oportunidades para diversos sectores de la sociedad, especialmente en áreas y comunidades menos favorecidas.
   - **Sostenibilidad**: Implica adoptar tecnologías limpias y prácticas que minimicen el impacto ambiental. Esto puede incluir la reducción de emisiones de carbono, la eficiencia en el uso de recursos y el manejo adecuado de desechos.
3. **Fomentar la innovación**
   - **Innovación tecnológica y científica:** Impulsar la investigación y el desarrollo es esencial para mejorar los procesos productivos y crear nuevas tecnologías que resuelvan problemas de manera más eficiente y sostenible.
   - **Apoyo a la educación y emprendimiento:** Fomentar un entorno de innovación requiere educación y formación en habilidades técnicas y científicas, así como un marco que apoye a los emprendedores.

Los beneficios para la sociedad y el medio ambiente al implementar estos principios se concretan en un desarrollo equilibrado que aumenta el crecimiento económico y el empleo, reduce las desigualdades y mejora el acceso a las oportunidades, disminuyendo el impacto ambiental de la manera que contribuye a mitigar o reducir los efectos del cambio climático.

Fomentar infraestructuras resilientes, industrialización inclusiva y sostenible, e innovación es clave para un desarrollo que permita a las generaciones actuales y futuras vivir en un mundo equitativo y sostenible.

El **Objetivo de Desarrollo Sostenible 9 (ODS 9)** es una meta fundamental para crear bases sólidas de desarrollo económico y social en todo el mundo. Este objetivo subraya la importancia de construir infraestructuras resilientes, promover la industrialización inclusiva y sostenible, y fomentar la innovación. Estas áreas no solo fortalecen las economías, sino que también permiten a los países enfrentar desafíos como la pobreza, el desempleo, y los efectos del cambio climático.

En primer lugar, la construcción de infraestructuras resilientes es vital para proteger a las comunidades ante eventos climáticos extremos y crisis económicas, lo cual es especialmente crucial en un mundo donde el cambio climático aumenta la frecuencia e intensidad de desastres naturales. Infraestructuras robustas no solo reducen el costo de los daños, sino que también garantizan que servicios básicos como el transporte, el acceso a la energía y el agua potable se mantengan estables, incluso en situaciones adversas.

La industrialización inclusiva y sostenible es otro pilar del ODS 9. La industrialización ha sido históricamente una fuente de crecimiento económico, pero su enfoque tradicional no siempre ha sido inclusivo ni respetuoso con el medio ambiente. Este objetivo aboga por una industrialización que beneficie a todos y que esté en armonía con el entorno. Esto implica adoptar tecnologías limpias y asegurar que la creación de empleos y oportunidades llegue a todas las comunidades, especialmente aquellas menos favorecidas. Además, una industrialización sostenible ayuda a mitigar el cambio climático y a reducir la huella ambiental de los procesos productivos.

Finalmente, fomentar la innovación resulta clave para que los países puedan adaptarse a un mundo en constante cambio y resolver problemas de manera más eficaz. La innovación impulsa la productividad, permite crear soluciones que mejoran la vida de las personas y contribuye a enfrentar desafíos globales. Para ello, es crucial el apoyo a la educación, la investigación, el desarrollo, y el fortalecimiento de la infraestructura digital.

El ODS 9 es un llamado a construir un futuro resiliente, inclusivo y respetuoso con el medio ambiente. Lograr este objetivo requiere de una cooperación internacional robusta, así como de políticas nacionales y locales que fomenten un crecimiento sostenible. Es, en esencia, un compromiso para crear sociedades que no solo busquen prosperidad económica, sino que también garanticen un futuro seguro y justo para todos.

El Objetivo de Desarrollo Sostenible 9 (ODS 9) y el arte tienen una conexión muy interesante, ya que el arte puede jugar un papel clave en la promoción de este objetivo, ayudando a generar conciencia sobre la importancia de la infraestructura resiliente, la industrialización inclusiva y sostenible, y la innovación en nuestras sociedades.

La creatividad y la innovación son el núcleo del arte. A través de instalaciones artísticas, diseño innovador y nuevas tecnologías aplicadas al arte, los artistas pueden ofrecer nuevas perspectivas y soluciones. Al fomentar la creatividad y nuevas formas de expresión, el arte inspira a otros sectores a adoptar enfoques innovadores. Los artistas y creadores experimentan con tecnologías avanzadas como la impresión 3D, la realidad aumentada y el arte digital, lo que refuerza la conexión entre la industria y la creatividad, por lo tanto, podemos vincular al arte con la ODS 9 como un motor de innovación.

Los proyectos de arte en infraestructuras y espacios públicos, como murales, esculturas o instalaciones en edificios y espacios públicos, contribuyen a crear entornos más atractivos y accesibles, lo que hace que las infraestructuras se perciban como un bien común y se protejan de mejor manera. Estos proyectos también pueden comunicar la importancia de la sostenibilidad y la resiliencia, sensibilizando al público. El arte en infraestructuras también puede funcionar como un recurso educativo y cultural que conecta a las personas con el espacio urbano y su historia, promoviendo la cohesión social.

La promoción de una industria inclusiva y sostenible también abarca el ámbito de la industria creativa, como el cine, la música, las artes visuales y el diseño. Las industrias creativas tienen un potencial económico que puede generar empleos y oportunidades para comunidades marginadas. Al hacer del arte un recurso inclusivo, se puede ayudar a comunidades en riesgo, jóvenes y mujeres a tener acceso a oportunidades económicas y educativas. Esta integración del arte como industria inclusiva y sostenible se alinea con los principios del ODS 9.

El arte tiene el poder de comunicar mensajes y de hacer reflexionar a las personas. Las obras de arte, exposiciones y proyectos visuales pueden ser utilizados como plataformas para promover los valores del ODS 9, mostrando los efectos de la falta de infraestructura, los desafíos de una industrialización no inclusiva y las posibilidades de un desarrollo más equitativo. Los artistas pueden crear conciencia sobre temas ambientales y sociales a través de sus obras, inspirando a la comunidad a adoptar prácticas sostenibles y a valorar la innovación y la inclusión.

La conexión entre el ODS 9 y el arte demuestra que éste último puede ser una herramienta poderosa para inspirar, educar y promover cambios. A través de la creatividad, el arte no solo da visibilidad a la importancia de la sostenibilidad, la inclusión y la innovación, sino que también contribuye a construir una sociedad más consciente y unida en torno a estos objetivos globales.

Por último, la pintura puede ser una herramienta clave en la promoción del Objetivo de Desarrollo Sostenible 9 (ODS 9), que busca construir infraestructuras resilientes, promover la industrialización inclusiva y sostenible, y fomentar la innovación. La pintura no solo es un medio de expresión artística, sino también una forma de comunicar, educar y sensibilizar a la sociedad sobre la importancia de este objetivo.

Los pintores pueden crear obras que representen infraestructuras ecológicas, sistemas de transporte verde, o tecnologías sostenibles. Estas obras ayudan a imaginar y visualizar una sociedad más comprometida con la sostenibilidad, mostrando cómo se ven las ciudades y los espacios con infraestructuras resilientes y responsables con el medio ambiente.

A través de la pintura, los artistas pueden visibilizar las consecuencias de la falta de infraestructuras en comunidades menos desarrolladas o marginadas. Estas obras pueden mostrar realidades de desigualdad en el acceso a servicios básicos como el agua, la energía y el transporte, ayudando a sensibilizar al público sobre la necesidad de un desarrollo equitativo e inclusivo. Algunos pintores están explorando el uso de pigmentos y materiales ecológicos o reciclados, lo que representa un enfoque innovador dentro del propio arte. El uso de materiales respetuosos con el medio ambiente en la pintura es un ejemplo de cómo la industria creativa puede alinearse con prácticas sostenibles.

La pintura también puede convertirse en un espacio para la innovación tecnológica, integrando nuevas herramientas, como la pintura digital y la inteligencia artificial. Este cruce entre tecnología y arte promueve la innovación, uno de los principios del ODS 9, y muestra cómo el arte y la tecnología pueden colaborar para generar un cambio positivo. Los proyectos de murales colaborativos en espacios públicos pueden ayudar a integrar a las comunidades, promoviendo la cohesión social y la inclusión. En lugares donde la industrialización ha afectado la calidad de vida o donde las comunidades son excluidas del desarrollo económico, los murales pueden representar mensajes de inclusión, solidaridad y desarrollo sostenible. De igual manera la pintura puede ser una herramienta para que personas de comunidades vulnerables, como jóvenes, mujeres y personas en situación de pobreza, expresen sus realidades y aspiraciones. Estos proyectos pueden llevar a la creación de oportunidades económicas dentro de la industria creativa y ser un ejemplo de cómo el arte contribuye a una industrialización más inclusiva.

No cabe duda de que muchos artistas utilizan la pintura para abordar temas como el cambio climático y sus efectos en la infraestructura. A través de paisajes, escenas urbanas o incluso retratos, los pintores pueden plasmar la importancia de adaptar las infraestructuras y la industria para mitigar el cambio climático. Igualmente, a través de las exposiciones de arte crean espacios de reflexión para el público, ayudando a educar y concienciar sobre la importancia de un desarrollo sostenible. Estas obras pueden inspirar al espectador a involucrarse en el cambio, tanto en sus propias prácticas diarias como en el apoyo a políticas públicas que fomenten infraestructuras resilientes y una industria sostenible.

La pintura, por tanto, es una aliada poderosa del ODS 9, al comunicar y visibilizar la importancia de la infraestructura sostenible, la inclusión social y la innovación. Al aprovechar el poder visual y emocional de la pintura, los artistas pueden inspirar y motivar a las personas a reflexionar sobre la necesidad de un desarrollo industrial que sea inclusivo, resiliente y respetuoso con el medio ambiente. Así, la pintura contribuye a transformar los espacios y las conciencias, impulsando la sociedad hacia un futuro más justo y sostenible.

III. Apunte final

El cuadro «**Mujer en rojo**» de **Juan García Ripollés** puede relacionarse con el Objetivo de Desarrollo Sostenible 9 (ODS 9) de una manera simbólica y reflexiva. Aunque esta obra no aborda explícitamente temas como la infraestructura, la industrialización sostenible o la innovación, podemos analizar cómo los elementos de la obra y la estética de Ripollés pueden vincularse con los valores de este objetivo.

Juan García Ripollés es conocido por su uso innovador de materiales y técnicas en sus obras. Su estilo y la originalidad en su proceso creativo representan el concepto de innovación en el arte. Esta misma búsqueda de nuevas formas de expresión artística refleja el espíritu del ODS 9, que fomenta la innovación y el desarrollo de tecnologías y métodos creativos. En algunas de sus piezas, Ripollés ha explorado el uso de materiales reciclados y técnicas experimentales. Esto está en sintonía con el llamado del ODS 9 hacia una producción y desarrollo industrial que tengan en cuenta la sostenibilidad y el respeto por el medio ambiente.

En la pintura de Ripollés, las figuras humanas suelen tener un carácter universal y accesible, rompiendo barreras y estereotipos. La figura de la mujer en esta obra podría interpretarse como un símbolo de la inclusión social, un aspecto clave del ODS 9, que busca una industrialización inclusiva en la que todos los sectores de la sociedad participen y se beneficien del desarrollo económico. En su obra, Ripollés a menudo muestra personajes que, aunque estilizados, reflejan una humanidad diversa. Esta representación visual promueve la inclusión de personas de diferentes contextos y puede servir para reflexionar sobre la necesidad de que el desarrollo económico y la innovación lleguen a todos, sin exclusión.

La figura femenina en la obra expresa una cierta determinación y presencia fuerte. Esto se puede ver como una representación de la resiliencia que deben tener las comunidades en su desarrollo económico e industrial, enfrentando adversidades y desafíos.

El color rojo en la pintura «Mujer en rojo» podría simbolizar la fuerza, la vitalidad y la resiliencia. Esta elección cromática transmite energía y pasión, cualidades necesarias para construir una sociedad resistente y preparada para enfrentar desafíos, como promueve el ODS 9.

Es por tanto que la obra de Ripollés, incluyendo «Mujer en rojo», invita a la reflexión y a la introspección. Aunque el arte en sí mismo no construye infraestructura, sí puede inspirar a las personas y a las comunidades a valorar la importancia de un desarrollo más humano e inclusivo. A través de la pintura, se crea una plataforma para cuestionar los sistemas actuales y visualizar un futuro donde la industria y la infraestructura estén al servicio de las personas y del planeta. Así, la obra de artistas como Ripollés fomenta una cultura de creatividad y apertura hacia la innovación. Esta perspectiva se puede aplicar a la industria y la infraestructura, sectores que también pueden beneficiarse de enfoques innovadores y creativos para resolver problemas de sostenibilidad y resiliencia.

Aunque «Mujer en rojo» de Juan García Ripollés no aborda directamente los temas del ODS 9, su expresividad y el enfoque innovador de Ripollés se alinean con los valores de este objetivo, aportando expresividad y estilo distintivo. La obra puede inspirar a las personas a reflexionar sobre la inclusión, la resiliencia y la creatividad, valores que son esenciales para un desarrollo sostenible e inclusivo. A través de su originalidad Ripollés nos recuerda que la creatividad y la fuerza interior son fundamentales en cualquier esfuerzo de desarrollo sostenible. Al mismo tiempo, la obra de Ripollés recuerda que el arte y la industria pueden converger en una visión compartida de un futuro donde la innovación y la sostenibilidad van de la mano.

La obra **«Mujer en rojo»** de **Juan García Ripollés** es una pieza emblemática que refleja el estilo característico y distintivo del artista español. Ripollés, conocido por su creatividad audaz, expresividad, sus formas coloridas, su uso vibrante del color y sus figuras estilizadas presenta en «Mujer en rojo» una representación femenina que es a la vez poderosa y enigmática. El rojo es el color predominante en esta pintura, un color que suele evocar pasión, fuerza, y energía. Esta elección cromática dota a la figura de una presencia imponente y magnética, capturando la atención del espectador y proyectando un sentido de vitalidad. En las obras de Ripollés, los colores suelen ser intensos y saturados, y en «Mujer en rojo» esto no es la excepción. El rojo no solo resalta la figura de la mujer, sino que también sugiere una fuerte personalidad, conectada con emociones y sentimientos profundos.

La figura de la mujer está estilizada y desproporcionada, una característica frecuente en el trabajo de Ripollés. Sus formas recuerdan al arte primitivista, con proporciones exageradas que buscan expresar emociones o captar la esencia de la persona más allá de la apariencia física. La postura y la expresión de la mujer transmiten una mezcla de serenidad y fuerza, como si estuviera en un momento de introspección o autoconfianza. A través de esta figura, Ripollés logra crear una imagen de feminidad que va más allá de lo convencional, destacando una fuerza interior que define a la mujer más allá de su físico.

En «Mujer en rojo», la mujer puede interpretarse como un símbolo de la feminidad universal, una figura abstracta que encarna diferentes facetas de la experiencia femenina: poder, misterio, pasión y fuerza. Esta imagen de mujer parece aludir a una humanidad profunda y a una identidad que trasciende lo individual. Ripollés suele crear personajes que parecen salidos de un mundo onírico o fantástico, y en esta obra, la mujer se percibe como un símbolo atemporal, algo que no pertenece a una época o lugar específico. Esto la convierte en una representación arquetípica, una figura que puede ser interpretada de múltiples maneras.

Aunque es una pintura, la textura es un elemento importante en las obras de Ripollés. Sus piezas muchas veces tienen un aspecto casi escultórico, como si la pintura tuviera volumen y dimensión. Esto agrega una capa de complejidad visual, que da vida y profundidad a la figura de la mujer. Ripollés también juega con la mezcla de materiales en sus obras, experimentando con técnicas y superficies para lograr efectos únicos. En «Mujer en rojo», se puede apreciar su dominio del color y la forma, pero también su habilidad para dotar de textura y carácter a la superficie de la obra. Ripollés es un maestro de la expresividad. En «Mujer en rojo», más allá de la forma y el color, la obra logra transmitir una fuerte carga emocional. La mujer, con su presencia y su postura, parece expresar serenidad y fortaleza. La obra es una invitación para el espectador a adentrarse en el mundo interior del personaje, y quizás, a reflexionar sobre sus propias emociones y experiencias.

La simplificación y abstracción de la figura permite que cualquier persona se identifique con ella, conectando así con una dimensión emocional y universal.

La obra «Mujer en rojo» de Juan García Ripollés es una pieza que captura la esencia de su estilo y su manera única de ver el mundo. Con su uso atrevido del color rojo, su abstracción, sus formas estilizadas y su profunda expresividad, Ripollés nos presenta una imagen femenina llena de fuerza, indefinición, misterio y vitalidad. Esta obra invita al espectador a reflexionar sobre el poder de la identidad, la emoción y la introspección, mientras disfruta de la riqueza visual y la energía vibrante que caracteriza a la pintura. En «Mujer en rojo», Ripollés logra trascender lo individual y lo temporal, creando una figura femenina universal que representa tanto la fortaleza interna como la pasión de la existencia humana.

La obra «Mujer en rojo» de Juan García Ripollés puede aportar al Objetivo de Desarrollo Sostenible 9 (ODS 9), que se enfoca en la infraestructura resiliente, la industrialización inclusiva y sostenible, y la innovación, a través de varias interpretaciones simbólicas y de los valores que transmite, a pesar de que no aborda directamente los aspectos técnicos del ODS 9. Aunque no esté directamente relacionada con temas de infraestructura o industrialización, esta obra de arte encarna principios y conceptos que son fundamentales para una sociedad innovadora, inclusiva y sostenible. Aquí hay algunos aspectos que podemos destacar:

La originalidad del estilo de Ripollés, caracterizado por formas estilizadas y un uso vibrante del color, representa una actitud innovadora que resuena con el ODS 9. Esta obra nos recuerda la importancia de la creatividad como una fuente de innovación, algo fundamental para cualquier sociedad que busque desarrollarse de manera sostenible. En términos de industria, la obra y el estilo de Ripollés nos muestran cómo la creatividad puede generar nuevas maneras de hacer y ver las cosas, un valor esencial para promover la innovación tecnológica y metodológica en cualquier sector, desde el arte hasta la infraestructura.

La obra «Mujer en rojo» presenta una figura femenina fuerte y simbólica, que puede interpretarse como un homenaje a la inclusión y la igualdad de género. Este enfoque de representación es fundamental en una sociedad que busca el desarrollo inclusivo, tal como lo promueve el ODS 9, ya que la industrialización debe beneficiar a todas las personas, sin importar su género, origen o condición. Al presentar una figura universal y abstracta, Ripollés sugiere que las mujeres son una parte fundamental del desarrollo social y económico. La imagen podría simbolizar a todas las mujeres, especialmente aquellas que luchan por un lugar en una sociedad más justa y equitativa, en la que tengan acceso a oportunidades y contribuyan al desarrollo económico.

La fuerza y presencia de la figura femenina en «Mujer en rojo» puede interpretarse como un símbolo de resiliencia. En el contexto del ODS 9, esta resiliencia es necesaria para construir infraestructuras y sociedades capaces de superar desafíos y adaptarse a cambios. La mujer representada en la obra refleja un carácter fuerte, una resiliencia que puede inspirar a las comunidades a desarrollar una infraestructura que soporte desafíos climáticos, económicos y sociales. Esta idea de resiliencia también aplica a la industria y el trabajo. La obra puede interpretarse como un llamado a que todos los sectores, tanto económicos como sociales, fortalezcan su capacidad de recuperación ante situaciones adversas, asegurando un desarrollo estable y duradero.

Ripollés es conocido por su enfoque en materiales y técnicas innovadoras en sus obras. Esta actitud de experimentación con materiales puede inspirar a la industria a adoptar prácticas más sostenibles, investigando nuevas formas de producción que respeten los recursos naturales y reduzcan el impacto ambiental. Aunque «Mujer en rojo» no está explícitamente hecha con materiales sostenibles, el legado de Ripollés y su innovación en técnicas puede servir como un ejemplo para la industria creativa de cómo la sostenibilidad puede integrarse en los procesos artísticos. Este enfoque es fundamental en el ODS 9, que promueve la industria sostenible y respetuosa con el medio ambiente.

La obra también resalta la importancia del arte y la cultura en el desarrollo humano y social. El acceso a la cultura es esencial en una sociedad inclusiva y equitativa, y las obras de arte como «Mujer en rojo» pueden inspirar a las personas y motivarlas a comprometerse con un cambio positivo en su entorno. A través de la pintura, se puede educar a las personas sobre temas de resiliencia, inclusión y sostenibilidad, valores fundamentales del ODS 9. La cultura y el arte pueden ser potentes herramientas para sensibilizar sobre estos temas y promover una industrialización y una infraestructura que respete a las personas y al planeta.

«Mujer en rojo» de **Juan García Ripollés** es una obra que destaca por su expresividad y estilo distintivo, característicos del trabajo del artista. Ripollés es conocido por sus formas coloridas, estilizadas y su uso audaz de la línea y la textura. Esta obra en particular resalta una figura femenina en un vibrante tono rojo, lo que de inmediato atrae la atención del espectador y crea una conexión emocional poderosa. El uso del color rojo es central en esta obra y aporta una gran carga simbólica. Este color suele asociarse con emociones intensas como la pasión, la energía y la vitalidad. En «Mujer en rojo», el rojo no solo resalta la figura femenina, sino que también da vida a una presencia enérgica, llena de fuerza y personalidad. La elección de este color sugiere una figura apasionada y fuerte, una mujer que ocupa un espacio con confianza y determinación. El rojo también puede interpretarse como un símbolo de la esencia humana, de la vida misma. La figura femenina representa no solo a una mujer específica, sino la universalidad de la experiencia femenina, llena de emociones profundas y una conexión íntima con la naturaleza de la vida.

Ripollés utiliza un estilo muy característico, en el que combina formas simplificadas y proporciones exageradas. La figura femenina en «Mujer en rojo» tiene una estilización que recuerda a las formas primitivas y, a la vez, a un lenguaje visual moderno, lo que da a la obra un aire atemporal. Su enfoque en las líneas suaves y las curvas aporta una sensualidad y expresividad únicas. A través de estas formas estilizadas, Ripollés no busca representar la realidad tal como es, sino transmitir la esencia de la emoción y la personalidad de la figura femenina. Esto permite al espectador conectarse con el lado más humano y simbólico de la obra, creando una narrativa emocional más allá de la representación visual.

La mujer en esta obra es un símbolo de fuerza interior y resiliencia. Su postura y su mirada sugieren un personaje que está en paz consigo misma, segura y confiada. Esto puede interpretarse como una representación de la mujer como un arquetipo de resistencia, de quien ha superado obstáculos y desafíos, y que mantiene una presencia firme y decidida. Esta figura femenina proyecta un sentido de empoderamiento y autonomía, cualidades que son a menudo celebradas en las obras de Ripollés. La mujer se convierte aquí en un emblema de fortaleza y estabilidad, un ser que, a pesar de su simplicidad visual, transmite una complejidad emocional y espiritual profunda.

La técnica de Ripollés tiende a otorgar a sus obras una textura palpable, y «Mujer en rojo» no es una excepción. Aunque es una pintura bidimensional, la aplicación del color y el uso de la línea aportan una textura que casi da la sensación de volumen. Esto invita al espectador a percibir la obra no solo visualmente, sino de manera táctil, casi como si pudiera sentir la energía que emana de la figura. Esta textura crea una conexión especial entre la obra y el espectador, haciendo que la figura femenina se sienta más real y presente, como si estuviera lista para cobrar vida en cualquier momento.

«Mujer en rojo» es una obra que, a través de su simplicidad visual, logra transmitir un mensaje de universalidad. La mujer representada puede ser cualquier mujer, de cualquier lugar y tiempo. Esto da a la obra un sentido de universalidad que permite a cada espectador interpretarla desde su propia perspectiva y experiencia. La carga emocional de la obra permite que se explore la feminidad en toda su complejidad: la pasión, la fuerza, la vulnerabilidad y la valentía. La figura femenina en «Mujer en rojo» es poderosa y a la vez accesible, invitando al espectador a sumergirse en sus propios pensamientos y emociones.

«Mujer en rojo» de **Juan García Ripollés** es una obra que celebra la esencia femenina a través de una paleta vibrante y un estilo expresivo y simplificado. El uso del rojo como color predominante convierte a esta figura femenina en un emblema de pasión, fuerza y resiliencia. A través de esta figura estilizada y enigmática, Ripollés nos invita a contemplar la belleza y la complejidad de la vida interior, de las emociones intensas y de la fortaleza que caracteriza a la experiencia humana. La obra se convierte en un símbolo atemporal de la mujer como arquetipo de fuerza y empoderamiento, conectando al espectador con una imagen poderosa y evocadora que trasciende el tiempo y el espacio.

Los Objetivos de Desarrollo Sostenible (ODS) son un conjunto de 17 metas globales adoptadas por las Naciones Unidas en 2015 como parte de la Agenda 2030 para el Desarrollo Sostenible. Estos objetivos buscan abordar los mayores desafíos sociales, económicos y ambientales del mundo. Cada uno de los ODS tiene una orientación específica, pero todos están interconectados y trabajan en conjunto para lograr un desarrollo inclusivo, equitativo y sostenible en todos los países.

La particularidad del **ODS 9** radica en su enfoque integral y balanceado hacia la infraestructura, la industrialización y la innovación. Este objetivo no se limita a la construcción de infraestructuras físicas o al desarrollo de industrias, sino que aboga por un modelo de desarrollo que sea inclusivo, resiliente y respetuoso con el medio ambiente. Al promover una infraestructura sólida, una industria sostenible y una cultura de innovación, el ODS 9 sienta las bases para un crecimiento económico que beneficia a todos y protege el planeta. Esto lo convierte en uno de los pilares fundamentales para el éxito de la Agenda 2030 y para la creación de un mundo más justo, sostenible y próspero para todos.

Recientemente, la Comunidad Valenciana ha sufrido los devastadores efectos de una Depresión Aislada en Niveles Altos (DANA), fenómeno meteorológico que ha provocado lluvias torrenciales e inundaciones catastróficas, con un número importante de víctimas mortales, todavía por confirmar en la provincia de Valencia. Este desastre ha evidenciado la vulnerabilidad de las infraestructuras autonómicas y locales, así como la necesidad urgente de reforzarlas para enfrentar eventos climáticos extremos. Este objetivo es esencial para el desarrollo económico y social, ya que infraestructuras sólidas y una industrialización sostenible son fundamentales para el bienestar humano y la resiliencia ante desastres naturales.

La destrucción causada por las inundaciones subraya la importancia de diseñar y construir infraestructuras capaces de resistir fenómenos meteorológicos severos. Invertir en infraestructuras resilientes es crucial para minimizar daños y proteger vidas humanas tan dañadas en esta catástrofe.

La recuperación económica tras desastres naturales debe orientarse hacia una industrialización que considere la sostenibilidad y la adaptación al cambio climático, reduciendo así la vulnerabilidad de las comunidades afectadas.

Desarrollar y aplicar tecnologías innovadoras puede mejorar la previsión y gestión de desastres, así como la reconstrucción de infraestructuras más seguras y eficientes.

En este contexto, es fundamental que las autoridades y la sociedad civil trabajen conjuntamente para implementar estrategias alineadas con el ODS 9, fortaleciendo las infraestructuras y promoviendo prácticas industriales sostenibles que aumenten la resiliencia de la comunidad ante futuros eventos climáticos extremos como los acontecidos.

«Aquellos que tienen el privilegio de saber, tienen la obligación de actuar» (Albert Einstein)

10 REDUCCIÓN DE LAS DESIGUALDADES

Albert Ràfols Casamada

(Barcelona, 1923 - 2009)

Sin título

- Litografía, ejemplar H.C.
- Medidas: 56 x 76 cm.
- Procedencia: Colección particular.

10

REDUCIR LA DESIGUALDAD EN Y ENTRE LOS PAÍSES

I. Detalles destacados de la obra y de su autor

Pintor y artista gráfico, Ràfols Casamada goza hoy en día de gran prestigio internacional. Inicia estudios de arquitectura, pero los abandona pronto para dedicarse a las artes plásticas. En 1950 obtiene una beca para viajar a Francia, y se instala en París hasta 1954. Allí conoció la pintura figurativa poscubista, a la vez que la obra de Picasso, Matisse, Braque y Miró, entre otros. Estas influencias se unieron en su pintura a la del expresionismo abstracto americano, que se estaba desarrollando en ese mismo momento. Cuando regresa finalmente a Barcelona emprende su propio camino artístico, con un estilo caracterizado por la elegancia compositiva, a base de estructuras ortogonales unidas a un emotivo y luminoso cromatismo. Ha recibido multitud de premios, como el Nacional de Artes Plásticas, el Creu de Sant Jordi o el Premio de las Artes de la CEOE. Asimismo, fue nombrado Caballero de la Orden de las Artes y las Letras de Francia. Su obra se encuentra en los museos más importantes de todo el mundo: el Reina Sofía de Madrid, el Guggenheim y el MOMA de Nueva York, el Museo de Arte Moderno de Los Ángeles, el Museo Picasso en Francia, el Georges Pompidou de París y el British Museum y la Tate Gallery de Londres, entre muchos otros.

II. Comentario general

La relación entre los ODS y el arte resulta especialmente interesante en la medida en la que el arte puede ser una poderosa herramienta para promover y concienciar sobre los ODS, puesto que las obras de arte, como la motiva el presente comentario, tienen la capacidad de comunicar mensajes complejos de manera accesible y emocional.

A través de diversas formas de expresión artística, como la pintura, la música, el teatro y la danza, los artistas pueden abordar temas de todo tipo, la reducción de la pobreza, la igualdad de género, la sostenibilidad ambiental, la justicia social y la paz entre otros.

El arte, en definitiva, puede inspirar a las comunidades a involucrarse en acciones que apoyen estos objetivos globales, fomentando un sentido de pertenencia y responsabilidad social con y para su entorno ya que como hemos visto de manera reiterada, el arte no sólo refleja la realidad social, sino que también puede ser un motor de cambio hacia un futuro más sostenible y equitativo.

Según el Pacto Mundial de las Naciones Unidas, a pesar de los avances logrados en algunas áreas durante los últimos años, la ONU señala que la desigualdad es uno de los mayores retos de nuestra era y supone un obstáculo no solo para el desarrollo social y económico, sino también para la paz, y para asegurar los derechos humanos en todo el mundo. La desigualdad, además, frena la reducción de la pobreza y destruye el sentido de realización y autoestima de las personas.

En el *Informe de los Objetivos de Desarrollo Sostenibles de 2023* se indica que, en la mayoría de los países, los ingresos del 40 % más pobre de la población aumentaron con mayor rapidez que la media nacional. A pesar de los importantes avances logrados a lo largo de las últimas décadas, que han permitido que la población más pobre mejore sus condiciones de vida, la desigualdad de ingresos ha ido en aumento. Reflejo de ello es que el 10 % más rico de la población se queda con el 40 % de los ingresos mundiales, mientras que el 10 % más pobre obtiene solo entre el 2 y el 7 % del total[1].

Siguiendo con esta idea, vemos que según el último informe de Oxfam antes de la pandemia del Covid-19, publicado el 20 de enero de 2020, *Tiempo para el cuidado*, la desigualdad económica está fuera de control: 2153 millonarios poseen más riqueza que 4600 millones de personas (Oxfam,2020). Generalmente la desigualdad más visible, tangible e impactante es la desigualdad económica, pero, aunque

1 Naciones Unidas, «Informe de los Objetivos de Desarrollo Sostenible», disponible en: https://www.un.org/sustainabledevelopment/es/development-agenda/

indudablemente esta debe tener prioridad máxima en su reducción no se deben perder de vista otras menos visibles, como la desigualdad de género y otras desigualdades sociales que afectan a una gran parte de la población mundial.

De este informe de Oxfam se pueden extraer las siguientes ideas claves:

El 1 % más rico del mundo tiene más del doble de la riqueza que 6.900 millones de personas.

Los 22 hombres más ricos del mundo tienen más dinero que todas las mujeres de África.

- Las mujeres y las niñas dedican 12.500 millones de horas de trabajo no remunerado cada día.
- El trabajo no remunerado de las mujeres tiene un valor monetario de 10,8 billones de dólares al año.
- Gravar un 0,5 % extra la riqueza del 1 % más rico podría ayudar sobremanera. Consideradas estas premisas queda clara la magnitud del problema a nivel global y la importancia de frenar cuanto antes esta tendencia, lo que es una cuestión global.

La desigualdad de ingresos es un problema mundial que requiere soluciones globales. Estas incluyen mejorar la regulación y el control de los mercados y las instituciones financieras, junto con fomentar la asistencia para el desarrollo y la inversión extranjera directa para las regiones que más lo necesiten.

Para reducir la desigualdad, tanto dentro de los países como entre ellos, es necesario distribuir equitativamente los recursos, invertir en la enseñanza y el desarrollo de capacidades, implementar medidas de protección social, luchar contra la discriminación, apoyar a los grupos marginados y fomentar la cooperación internacional para un comercio y sistemas financieros justos.

El ODS 10 de la Agenda 2030, busca «reducir las desigualdades en y entre los países», con el fin de combatir lo que, de acuerdo con las Naciones Unidas, es uno de los mayores retos de nuestra era para alcanzar el desarrollo, la paz y asegurar el cumplimiento de los derechos humanos: la desigualdad. El ODS 10 busca también promover la inclusión social y política, independiente de la edad, el sexo, discapacidad, raza, etnia, religión o condición, junto con fomentar políticas que promuevan la protección social, faciliten la migración y la movilidad segura de las personas.

Si analizamos de manera general los efectos de la desigualdad en el mundo, especialmente en el acceso a la riqueza, vemos que perjudica, asimismo, a la igualdad de oportunidades entre las personas, especialmente en el acceso a un trabajo digno o a servicios sanitarios y educativos, especialmente para los colectivos vulnerables (mayores, personas con discapacidad, mujeres, menores, desplazados por las guerras o por razones climáticas, entre otros) que requieren soluciones ajustadas a su contexto particular.

Los migrantes son uno de los grupos que sufre mayor desigualdad, aunque en las últimas décadas se han derribado algunas barreras para facilitar una migración ordenada, segura, regular y responsable, aun dista de ser universal. Ante el aumento de las muertes en las rutas migratorias en todo el mundo, es urgente tomar medidas. Además, el cambio climático empieza a ser uno de los agravantes más fuertes para la migración por la necesidad de hacer frente a los efectos que ocasiona, como sequías o inundaciones.

Por su parte, la discriminación racial, arraigada en factores como la etnia, el color o la lengua, es uno de los motivos más comunes de creación de desigualdades; así como la discriminación por edad y religión y también a las personas con discapacidad o aquellas asociadas a orientaciones sexuales, identidades de género, expresiones de género o características sexuales[2].

En este contexto de búsqueda de reducción de las desigualdades como objetivo global, el arte puede desempeñar un papel fundamental de varias maneras, a saber:

1. *Con la visibilización de los problemas*: A través de obras de arte, los artistas pueden dar visibilidad a las desigualdades sociales, económicas y políticas que enfrentan diferentes grupos y ello puede ayudar a crear conciencia y fomentar el diálogo entre partes a nivel local, pero también a nivel internacional.
2. *Empoderamiento de Comunidades*: El arte puede ser una forma de empoderar a comunidades marginadas, dándoles una voz y una plataforma para expresar sus experiencias y sus luchas. Hay variadas muestras de proyectos artísticos comunitarios que han servido para unir a personas de diferentes orígenes

2 Las reformas jurídicas en 33 países han introducido la igualdad en el matrimonio para parejas del mismo sexo. Sin embargo, en 64 países, las leyes discriminatorias aún criminalizan los actos sexuales privados y consentidos entre personas del mismo sexo.

y fomentar la inclusión, como ha sucedido en las favelas de Brasil; o en los barrios marginales de las grandes capitales del mundo, por citar algunos de ellos.

3. *Educación y Sensibilización*: Las exposiciones de arte, el cine, el teatro y otras formas de expresión artística pueden educar al público sobre las desigualdades y sus consecuencias, lo cual puede inspirar a las personas a actuar y abogar por un cambio.
4. *Fomento de la Diversidad*: El arte celebra la diversidad cultural y puede ayudar a derribar estereotipos y prejuicios. Al promover la apreciación de diferentes culturas y perspectivas, el arte contribuye a una sociedad más inclusiva.
5. *Colaboraciones Internacionales*: El arte también puede facilitar la colaboración entre artistas de diferentes países, promoviendo el entendimiento y la solidaridad global en la lucha contra las desigualdades.

De modo particular, algunos ejemplos sirven para ilustrar cómo el arte incide manera directa en la consecución de tales objetivos: *«The Invisible Man»* de El Anatsui, artista ghanés que crea impresionantes instalaciones utilizando materiales reciclados, como tapas de botellas. Su obra aborda temas de consumo, desigualdad y la historia colonial, invitando a la reflexión sobre cómo las desigualdades han sido moldeadas por el pasado[3]; o también *«The Mural Project»* en México, que es un proyecto que involucra a artistas locales los cuales crean murales en comunidades marginadas. A través del arte mural, se abordan temas de identidad, derechos humanos y justicia social, empoderando a los residentes y fomentando un sentido de comunidad[4].

En esta misma línea encontramos *«The Refugee Project»*, que es una iniciativa que utiliza el arte para contar las historias de refugiados de todo el mundo a través de exposiciones y narrativas visuales, se busca sensibilizar al público sobre las desigualdades que enfrentan los refugiados y promover la empatía y la acción[5]; o «Art for Social Change», programa que reúne a artistas y activistas para crear obras

3 Para más información https://elanatsui.art/exhibitions/seeing-the-invisible

4 Sobre ello https://www.latimes.com/espanol/entretenimiento/articulo/2022-08-10/los-herederos-del-muralismo-mexicano-un-siglo-despues

5 https://therefugeeproject.org/

que aborden problemas sociales, incluidas las desigualdades económicas y de género. A través de talleres y colaboraciones, se generan piezas que se exhiben en espacios públicos, fomentando el diálogo y la reflexión[6].

III. Apunte final

Los ejemplos anteriores son sólo algunos ejemplos, pero hay muchos más proyectos artísticos globales que abordan el ODS 10 ya que el arte tiene un gran potencial para inspirar cambios y crear conciencia sobre las desigualdades en nuestra sociedad.

Con una lectura más particular, e inspirados en las formas geométricas simétricas que representan el postcubismo del autor de la litografía que precede estas líneas, podríamos traer esa imagen cual espejo de la realidad de nuestros días y convertirla en el paradigma de la igualdad social, sólo alcanzable a través del ODS 10 que corresponde a este análisis, sino a todos y cada uno de los ODS por su carácter transversal.

En definitiva, el ODS 10 pretende reducir la desigualdad de ingresos y oportunidades entre países y dentro de ellos: reduciendo la pobreza en las zonas más desfavorecidas del planeta, promoviendo la inclusión social, económica y política de todas las personas, especialmente de los grupos vulnerables, impulsando políticas a nivel internacional para mejorar la regulación y el control de los mercados e instituciones financieras y alentando la cooperación al desarrollo y la inversión extranjera directa en las regiones que más lo necesiten.

Si la sociedad en general no conoce el impacto real de las desigualdades y, por tanto, no lo percibe como un tema relevante, la estrategia de comunicación y educación deberá cambiar.

Aunque puede resultar obvio que la mayor responsabilidad en la disminución de todo tipo de desigualdades es de las instituciones y de la clase política, no hay que depreciar la influencia de la sociedad en conjunto; La Historia da muestras de que el poder de reivindicación de la población ha conseguido muchos avances sociales, como el derecho a voto de las mujeres, matrimonio entre personas del mismo sexo, etc.

6 https://www.tate.org.uk/art/art-social-change

Además del poder como sociedad en conjunto, individualmente contamos con la responsabilidad de elegir con nuestros actos y contribuir a la disminución de las desigualdades o no. Ignorarlas, verlo como un problema ajeno o colaborar con la marginación sólo conseguirá perpetuar esas desigualdades. Así, la pintura, convertida en metáfora universal de la transformación del pensamiento creativo y las emociones se pone al servicio de los ODS.

La creatividad es la potente herramienta que nos permite expresar parte de la complejidad y de la belleza que hay en la naturaleza y en la vida. El artista con su creatividad puede intuir hechos, realidades o mundos que no existen, creando desde la nada, abordando realidades y sentimientos del mundo material y del mundo espiritual e interior de las personas. Y, como se ha apuntado antes, el arte no sólo refleja la realidad de las desigualdades, sino que también puede ser un catalizador para el cambio social y la promoción de la equidad. Dos figuras geométricas situadas en el mismo plano visual podrían resultar de una situación de igualdad buscada por el autor de la obra y que viene a representar, a los efectos del presente análisis, la necesaria y constante búsqueda de la eliminación de las desigualdades pretendida por la comunidad internacional del Siglo XXI.

11 CIUDADES Y COMUNIDADES SOSTENIBLES

Manuel Hernández Mompó

(Valencia, 1927 – Madrid, 1992)

«Paisaje y casas», 3 de junio

- Óleo sobre cartón duro.
- Medidas: 11.5 x 16 cm.; 25 x 29 cm. (marco).
- Procedencia: Colección particular.

11

LOGRAR QUE LAS CIUDADES Y LOS ASENTAMIENTOS URBANOS SEAN INCLUSIVOS, SEGUROS, RESILIENTES Y SOSTENIBLES

I. Detalles destacados de la obra y de su autor

— Hijo de un profesor de pintura, Hernández Mompó alternó los estudios básicos y de bachillerato con las clases de la Escuela de Artes Aplicadas y Oficios Artísticos de Valencia, en la que ingresó en 1943. En 1948 obtuvo una beca para pintar en Granada, en la Residencia de Pintores, y tres años después una nueva pensión le permitirá viajar a París. En la capital francesa entró en contacto con los círculos de pintores informalistas, cuya influencia marcaría su producción posterior, dejando definitivamente atrás los paisajes y retratos que habían dominado su obra hasta entonces. Entre 1954 y 1955 pasó una larga temporada en Roma, pensionado por el Departamento de Cultura del Ministerio de Educación Nacional para estudiar en la Academia de Bellas Artes de España en la capital italiana. En 1954 participó en la Exposición Internacional de Viareggio, en la que fue galardonado con el Premio de la Navegación Italiana. Deja Italia y se instala en Ámsterdam, donde frecuentó, de nuevo, los cenáculos informalistas. En 1957 regresa a España y se instala en Aravaca (Madrid). Al año siguiente le fue concedida una beca de la Fundación Juan March de Madrid, y obtuvo el Gran Premio Nacional de Pintura y una primera medalla en la Exposición Nacional de Bellas Artes.

— Durante los años sesenta y setenta alternó su residencia entre Madrid, Ibiza, y en 1973 pasó un año en California. De regreso a España se instaló en Mallorca. Hernández Mompó expuso en las principales capitales de Europa y Estados Unidos, y participó en colectivas nacionales y extranjeras. Entre sus más destacados premios cabe señalar el Premio Unesco recibido en la XXXIV Bienal de Venecia de 1968. En 1984 se le concedió el Premio Nacional de Bellas Artes del Ministerio de Cultura. Su estilo de juventud se vio pronto influido de manera definitiva por el expresionismo abstracto y el informalismo, aunque sus obras nunca perdieron la realidad como referente. En su producción, Hernández Mompó plasma una imaginería figurativa y poética, mezclada armónicamente con elementos abstractos y ricos efectos de superposición. Hernández Mompó está representado en el IVAM de Valencia, el Museo Nacional Reina Sofía, el de Arte Abstracto de Cuenca, el British Museum de Londres, el Centro Georges Pompidou de París, a la colección Chase Manhattan Bank de Nueva York y el Museo Winterthur de Suiza, entre muchos otros.

II. Comentario general

El artista valenciano refleja en su pintura el pensamiento de una persona que analiza el reflejo de una sociedad desarrollada entre las necesidades sociales y los tiempos que se podían venir durante el desarrollo de los años cincuenta. La vida del pintor en distintos lugares le permitió observar el paisaje y las casas, como reflejo del desarrollo de las ciudades.

Sin duda el expresionismo abstracto que lo inspiraba lo hizo a través del pincel plasmar y trasmitir sus emociones de las ciudades pequeñas y grandes, en ese contexto de cuestionamiento e incertidumbre en la época en que se encontraba de la segunda guerra mundial y el franquismo.

Al paso de la Segunda Guerra Mundial, se vislumbra el inicio de reconocer derechos humanos económicos, sociales y culturales, una transición un poco compleja entre el individualismo y lo colectivo. Así que con el pensamiento abstracto reflejado en su pintura superpone mapas o capas para mostrar las relaciones entre las entidades que ocupan el mismo espacio geográfico el paisaje y las casas.

Por tanto, el arte y la cultura a través de la pintura Manuel Mompó nos articula con el Objetivo 11 de la Agenda 2030 que pretende *lograr que las ciudades y los asentamientos humanos sean inclusivos, segu-*

ros, resilientes y sostenibles. En efecto, el desplazamiento urbano en las ciudades y la regulación del movimiento ciudadano (movilidad) de personas, vienes, mercancía, constituye en estricto sentido el derecho a la ciudad, a la movilidad.

En datos de proyección de la ONU en 2022 refiere que la población mundial alcanzó los 800000 millones de personas, esto fortalece la preocupación de la comunidad internacional conforme al objetivo 11 de la Agenda 2030. Sin soslayar que la Carta de la ONU y del Sistema ONU, se han construido en tres pilares: i) paz y seguridad, ii) desarrollo progresivo y iii) derechos humanos, explican cómo el derecho a la ciudad ha surgido de esos derechos emergentes que las personas reclaman para lograr la efectividad de otros derechos humanos y la dignidad, como son la seguridad humana, la seguridad social, la vida, derechos básicos como la salud, el trabajo, la educación, la vivienda, el esparcimiento, el desarrollo.

Sin duda el objetivo 11 en comento, tiene sustento en los derechos económicos, sociales, culturales y ambientales, que se sustentan en la Declaración Universal de los Derechos Humanos, artículo 3 todo individuo tiene derecho a la vida, a la libertad y a la seguridad de su persona, artículo 13 respecto al libre tránsito, al derecho a la salud, trabajo, vivienda adecuada, seguridad social en el artículo 25; en la *Convención Americana sobre Derechos Humanos* (CADH), en su artículo 22, párrafo primero, señala que toda persona que se halle legalmente en el territorio de un Estado tiene derecho a circular por el mismo y a residir en él con sujeción a las disposiciones legales (1969) este instrumento establece límites legítimos para el ejercicio del derecho en comento. Se relaciona también la *Convención sobre la Eliminación de Todas las Formas de Discriminación contra la Mujer*, al determinar en su artículo 14.2, inciso h, la obligación de los Estados parte de adoptar las medidas apropiadas para eliminar la discriminación contra la mujer en las zonas rurales con la finalidad de asegurar, en condiciones de igualdad entre hombres y mujeres, su participación en el desarrollo rural y en sus beneficios. Además, se establece el derecho, entre otros, a gozar de condiciones de vida adecuadas, de manera particular en las esferas de la vivienda, los servicios sanitarios, la electricidad y el abastecimiento de agua, el transporte y las comunicaciones (1979).

La *Convención Interamericana para la Eliminación de Todas las Formas de Discriminación contra las Personas con Discapacidad*, establece en su artículo tercero que para lograr los objetivos establecidos en ella, los Estados parte se comprometen a adoptar medidas para eliminar progresivamente la discriminación y promover la integración por parte de las autoridades gubernamentales y/o entidades privadas en la prestación o suministro de bienes, servicios, instalaciones, programas y actividades, tales como el empleo, el transporte, las comunicaciones, la vivienda, la recreación, la educación. Así como para que los edificios, vehículos e instalaciones que se construyan o fabriquen en sus territorios respectivos faciliten el transporte, la comunicación y el acceso para las personas con discapacidad (1999). Igualmente, la *Convención sobre los Derechos de las Personas con Discapacidad*, en su artículo 20 prevé que los Estados parte adoptarán medidas efectivas para asegurar que las personas con discapacidad gocen de movilidad personal con la mayor independencia posible (2008). A su vez, la *Convención Interamericana sobre la Protección de los Derechos Humanos de las Personas Mayores*, sostiene, en similar sentido y de manera más reciente, en su artículo 26, el derecho a la accesibilidad y a la movilidad personal, el cual debe permitir que la persona mayor pueda vivir en forma independiente y participar plenamente en todos los aspectos de la vida. Asimismo, establece la obligación para que los Estados parte adopten progresivamente medidas pertinentes para asegurar el acceso de la persona mayor, en igualdad de condiciones con las demás, al entorno físico, el transporte, la información y las comunicaciones, incluidos los sistemas y las tecnologías de la información y las comunicaciones, así como a otros servicios e instalaciones abiertos al público o de uso público, tanto en zonas urbanas como rurales. De manera contundente, precisa que las medidas que se adopten deberán incluir la identificación y eliminación de obstáculos y barreras de acceso (2017).

Convenio Europeo de Derechos Humanos, completado por el protocolo adicional y los diversos protocolos ente ellos el Protocolo N.° 4, han convenido lo siguiente: ARTÍCULO 1 al Convenio para la Protección de los Derechos Humanos y de las Libertades Fundamentales que reconoce ciertos derechos y libertades además de los que ya figuran en el Convenio y en el primer Protocolo adicional al Convenio, modificado por el Protocolo N.° 11, su artículo 2 regula la libertad de circulación.

Finalmente, las formas de desplazamiento de un modo sostenible encuentran en el transporte terrestre, por carreteras, caminos y por ferrocarril, el transporte masivo de mercancías por barcos, y el transporte aéreo, todos esos medios mueven a las personas y mercancías

más sostenibles (Fortes Martín, 2021). También la Agenda Urbana Española de 2019 define a la movilidad urbana como «la capacidad de moverse en el espacio urbano mediante diferentes medios de transporte». (p.24)

En México, el derecho a la movilidad y seguridad vial, y la planeación urbana están regulados en los artículos cuarto y 27 de la Constitución Política de los Estados Unidos Mexicanos, así como en sus leyes reglamentarias Ley General de Movilidad y Seguridad Vial y Ley general de asentamientos humanos, ordenamiento territorial y desarrollo urbano. Apuntado que estos derechos sociales emergentes han surgido del reconocimiento progresivo de otros derechos humanos, como la necesidad de traslado a escuelas, viviendas, trabajo, hospitales, comercio y en general el desarrollo de las personas. Ya que la movilidad es el derecho de toda persona a trasladarse y a disponer de un sistema integral de movilidad de calidad, suficiente y accesible que, en condiciones de igualdad y sostenibilidad, permita el desplazamiento de personas, bienes y mercancías, el cual deberá contribuir al ejercicio y garantía de los demás derechos humanos, por lo que las personas son el centro del diseño y del desarrollo de los planes, programas, estrategias y acciones en la materia.

III. Apunte final

En esa contextualización, una ciudad segura debe tener planeación, regulación y gestión de los asentamientos humanos, Centros de Población y la ordenación territorial, deben conducirse en apego a los siguientes principios de política pública, como el derecho a la ciudad para garantizar a todos los habitantes de un Asentamiento Humano o Centros de Población el acceso a la vivienda, infraestructura, equipamiento y servicios básicos, a partir de los derechos reconocidos por la Constitución Política de los Estados Unidos Mexicanos y los tratados internacionales suscritos por México en la materia (Ley general de asentamientos humanos, ordenamiento territorial y desarrollo urbano LGAHOyDU, artículo 4. 2014)

Por otra parte, una ciudad con asentamientos urbanos inclusivos, la legislación mexicana LGAHOyDU define que son principios de ésta la Equidad e inclusión, para garantizar el ejercicio pleno de derechos en condiciones de igualdad, promoviendo la cohesión social a través de medidas que impidan la discriminación, segregación o marginación de individuos o grupos. Promover el respeto de los derechos de los grupos vulnerables, la perspectiva de género y que todos los habitantes puedan decidir entre una oferta diversa de suelo, viviendas, servicios, equipamientos, infraestructura y actividades económicas de acuerdo con sus preferencias, necesidades y capacidades.

Una ciudad sostenible como realidad social planifica en beneficio de sus gobernados para la resiliencia, seguridad urbana y riesgos. Propiciar y fortalecer todas las instituciones y medidas de prevención, mitigación, atención, adaptación y Resiliencia que tengan por objetivo proteger a las personas y su patrimonio, frente a los riesgos naturales y antropogénicos; así como evitar la ocupación de zonas de alto riesgo; sustentabilidad ambiental. Promover prioritariamente, el uso racional del agua y de los recursos naturales renovables y no renovables, para evitar comprometer la capacidad de futuras generaciones. Así como evitar rebasar la capacidad de carga de los ecosistemas y que el crecimiento urbano ocurra sobre suelos agropecuarios de alta calidad, áreas naturales protegidas o bosques, y accesibilidad universal y movilidad, con el fin de promover una adecuada accesibilidad universal que genere cercanía y favorezca la relación entre diferentes actividades urbanas con medidas como la flexibilidad de usos del suelo compatibles y densidades sustentables, un patrón coherente de redes viales primarias, la distribución jerarquizada de los equipamientos y una efectiva Movilidad que privilegie las calles completas, el transporte público, peatonal y no motorizado. (LGAHOyDU, 2014)

Finalmente, Como reflexión el Objetivo *11, sus 7 metas y sus indicadores para «Lograr que las ciudades y los asentamientos urbanos sean inclusivos, seguros, resilientes y sostenibles», se ha planteado como metas garantizar* el acceso a viviendas adecuadas y asequibles, proporcionar servicios básicos adecuados, ofrecer transporte sostenible, crear espacios públicos seguros, fomentar la inclusión social, reducir los impactos ambientales negativos y disminuir los riesgos de desastres en las zonas urbanas, por lo tanto, se requiere del compromiso de los Estados, de la comunidad internacional, organismos, población organizada y no organizada, a efectos de transformar los obstáculos que las personas tienen para acceder a sus derechos sociales básicos, a los económicos, culturales y ambientales.

12 PRODUCCIÓN Y CONSUMO RESPONSABLES

Jeanne Modigliani

(Niza, 1918 - París, 1984)

Sin título

- Técnica mixta sobre madera.
- Medidas: 50 x 65 cm.
- Procedencia: Colección particular.

12

GARANTIZAR MODALIDADES DE CONSUMO Y PRODUCCIÓN SOSTENIBLES

Este trabajado se ha desarrollado en condición de beneficiaria del programa predoctoral de formación del personal investigador 2021-2025 en Canarias otorgada por la Agencia Canaria de Investigación, Innovación y Sociedad de la Información (ACIISI) de la Consejería de Economía, Conocimiento y Empleo y cofinanciada por el Fondo Social Europeo (FSE), con una tasa de cofinanciación del 85 % en el marco del Programa Operativo FSE de Canarias 2014-2020, en el Eje prioritario 3, «Invertir en educación, formación y formación profesional para la adquisición de capacidades y un aprendizaje permanente».

I. Detalles destacados de la obra y de su autor

Hija del aclamado pintor Amedeo Modigliani y de la también artista Jeanne Hébuterne, Jeanne Modigliani no conoció a sus progenitores: Amadeo murió el 24 de enero de 1920 cuando Jeanne contaba tan sólo con catorce meses y su madre, musa del pintor, se suicidó al cabo de unas horas. La niña fue adoptada por su tía paterna y se crio en Livorno, licenciándose en historia del arte en la Universidad de Florencia. De origen judío y nieta de un socialista, en 1939 huyó a París a causa de la persecución fascista y, tras la ocupación nazi, se unió a los maquis. Terminada la guerra, Jeanne Modigliani inició la búsqueda de la verdad sobre su padre. En 1952, con una beca del Centro Nacional de Investigación Científica, se embarcó, también, en una investigación sobre Van Gogh. Son precisamente las similitudes entre la vida del pintor holandés y la de su padre las que la hicieron volver a él, a Modigliani, a la que se dedicó por completo desde ese momento. Su constante interés por obtener el reconocimiento oficial del valor de la obra de su padre fue un gran éxito cuando, en 1981, en París, montó la exposición más completa de Modigliani: más de 250 obras entre pinturas, esculturas, gouaches y dibujos formaron parte de una muestra que aumentó, si cabe, el interés por el maestro. En 1983 fundó los Archives Légales Amedeo Modigliani, con objeto de clasificar y proteger la obra de Modigliani. Sin embargo, la vida de Jeanne Modigliani no se limitó a su labor documentalista, sino que heredó de su padre la maestría de los pinceles. Con una producción cercana al expresionismo abstracto, en ocasiones acercándose a la figuración, las composiciones de Jeanne Modigliani expresaron, con total sinceridad y libertad, los estados más profundos del alma. Desde las composiciones más dinámicas y espontáneas hasta las más sosegadas y apaciguadoras, Jeanne supo plasmar en sus obras su yo más íntimo y personal.

II. Comentario general

El ODS 12 promueve «garantizar modalidades de consumo y producción sostenibles», apelando a un cambio drástico en la forma en que las sociedades modernas producen bienes y servicios y consumen recursos. A medida que las economías avanzadas han fomentado un modelo de consumo excesivo, la obra de Jeanne Modigliani puede servir como metáfora visual del desorden y la pérdida de control en la explotación de los recursos naturales, generando desechos y degradación ambiental. Los datos son demoledores: de acuerdo con la ONU cuando la población mundial alcance la cifra de 10.000 millones de habitantes, necesitaremos casi tres planetas para contar con los recursos naturales demandados para continuar con nuestro modelo de vida actual.

El cuadro presentado se caracteriza por una paleta en la que predominan los tonos oscuros, sobre los cuales se deslizan trazos vigorosos de negro, marrón y ciertos toques de azul y rosa. Estas pinceladas parecen encarnar una sensación de caos y desorden, dando lugar a una composición que refleja, en lo visual, un conflicto subyacente entre las fuerzas desatadas por la producción industrial, el consumo desmedido y las limitaciones inherentes del mundo natural. La destrucción del mundo que nos rodea se sugiere en la obra de Jeanne Modigliani con el uso predominante del negro: con esos trazos largos y caóticos que predominan en la obra.

El estilo abstracto de Jeanne Modigliani, más que un mero ejercicio estético, actúa como un comentario implícito sobre la fragmentación de la realidad moderna.

En ese sentido, su obra, aunque no necesariamente concebida como crítica directa de las grandes transformaciones económicas del siglo XX, puede interpretarse desde la perspectiva de la Producción y consumo responsables, eje central del Objetivo de Desarrollo Sostenible 12. La abstracción caótica de Modigliani resulta particularmente pertinente para ilustrar las tensiones entre un mundo industrializado, orientado al consumo en masa y la necesidad de sostenibilidad. La naturaleza, representada por la gama de colores de azul y rosa, parece quedar condenada por los trazos negros y marrón, que pueden representar e interpretarse como ese afán del ser humano de producir y consumir más, sin reparar en las consecuencias nefastas de la sobreexplotación de los recursos naturales y la degradación del medio ambiente que sufre actualmente nuestro planeta.

1. Producción y consumo desordenados: una lectura visual del caos contemporáneo

El cuadro de Modigliani está compuesto por trazos entrecruzados, desorganizados y frenéticos, lo que sugiere un estado de descontrol, de desequilibrio. Esta representación visual de lo caótico se conecta directamente con el patrón de producción y consumo globales, donde las economías industriales se desarrollan en gran medida bajo un modelo que promueve la extracción, la sobreexplotación, utilización y desecho sin reparar en las consecuencias de estas acciones. Este modelo ha dado lugar a problemas tales como la sobreproducción, la acumulación de residuos y la pérdida de biodiversidad.

Desde el punto de vista jurídico, esta preocupación ha sido reconocida por instrumentos como el Convenio de Basilea sobre el control de los movimientos transfronterizos de desechos peligrosos y su eliminación, que busca proteger la salud de las personas y el medio ambiente frente a los efectos perjudiciales de los desechos, de modo que impone límites claros al tráfico de residuos peligrosos, abordando directamente uno de los problemas fundamentales que el ODS 12 busca mitigar: la gestión mundial inadecuado de los desechos generados por la producción masiva. La obra de Modigliani, con su densa red de trazos oscuros, puede interpretarse como una representación metafórica de los residuos y la contaminación que resultan de un ciclo de producción y consumo insostenibles.

La regulación de desechos peligrosos es, sin duda, una de las principales preocupaciones a nivel global, pero este enfoque debe ampliarse para incluir toda la cadena de valor, desde la extracción de recursos hasta la gestión del producto final. Aquí entra en juego el derecho ambiental internacional, que, desde acuerdos como el Protocolo de Kioto y el Acuerdo de París, ha buscado regular las emisiones y los impactos ambientales generados por los diferentes sectores económicos a nivel mundial.

Al observar la obra de Modigliani, la maraña de líneas sugiere una representación visual de los efectos nocivos de la industrialización descontrolada, pero también permite una lectura más optimista: una potencial reconstrucción del equilibrio entre el progreso económico y la sostenibilidad.

2. Economía circular y eficiencia en el uso de recursos: del caos al orden

El ODS 12 también aboga por un cambio estructural hacia una economía circular, en la que los recursos se mantengan en uso por el mayor tiempo posible, reduciendo tanto el consumo de materia prima como la generación de residuos. La transición hacia este modelo, que desafía el paradigma de la economía actual, ha sido un enfoque clave de políticas europeas como la Estrategia de Economía Circular del año 2015 y el Pacto Verde Europeo, hoja de ruta de la ambiciosa meta de la Unión Europea de convertirse en climáticamente neutra en 2050. En ambos casos, el objetivo es garantizar que la producción y el consumo se ajusten a los límites planetarios, minimizando el impacto ambiental y fomentando la regeneración de recursos.

En la obra de Modigliani, el caos que inicialmente domina el lienzo parece contener un mensaje implícito de regeneración. Los trazos coloridos que emergen entre la oscuridad pueden interpretarse como una alegoría de la esperanza que la economía circular promete, al crear oportunidades para reconducir el consumo hacia formas más sostenibles. La lucha por el equilibrio, tan central en las políticas europeas, se encuentra en sintonía con la dualidad visual en la obra: un intento de armonizar el desorden inicial y crear un sistema más estable y funcional.

El derecho de la Unión Europea ha sido pionero en la creación de normas vinculantes para garantizar la eficiencia en el uso de recursos.

La Directiva Marco de Residuos (2008/98/CE) y el Plan de Acción para la Economía Circular del año 2020 son ejemplos de cómo la normativa europea busca no sólo regular el tratamiento de residuos, sino también fomentar la reutilización y el reciclaje de productos. El cuadro de Modigliani, con su estructura caótica, se convierte en una metáfora de este proceso: la complejidad del sistema actual de producción y consumo necesita ser abordada con una nueva visión donde el reciclaje y la reutilización puedan «ordenar» el caos de la industria.

3. La responsabilidad del consumidor: una dimensión cultural y educativa

El ODS 12 no se limita a regular la producción; también pone un fuerte énfasis en la necesidad de que los consumidores adopten prácticas de consumo responsable. Este aspecto tiene un componente profundamente cultural y educativo, que apela a la transformación de hábitos de consumo para reducir el impacto ambiental. En la obra de Modigliani, el espectador está invitado a descifrar el caos visual, de la misma manera en que la sociedad contemporánea debe aprender a discernir entre lo que es necesario consumir y lo que constituye un exceso, una sobrecarga innecesaria para el planeta.

El Pacto Verde Europeo incluye medidas específicas para incentivar el consumo sostenible, desde el etiquetado ecológico hasta las campañas de concienciación para reducir el desperdicio de alimentos y la preferencia por productos reciclables. La relación simbiótica entre consumidores y productores es un eje crucial del ODS 12, y la obra de Modigliani refleja, en su desconcierto visual, la necesidad de cuestionar estas relaciones y de buscar patrones de consumo más éticos y responsables.

III. Apunte final

En definitiva, la obra de Jeanne Modigliani proporciona una plataforma visual y conceptual rica para reflexionar sobre el ODS 12, «Producción y consumo responsables». A través de su lenguaje abstracto y el caos pictórico que caracteriza la obra, podemos vislumbrar las tensiones inherentes a las dinámicas de producción y consumo contemporáneas, en las cuales las leyes y los acuerdos internacionales juegan un papel fundamental en la corrección de estas prácticas insostenibles.

Desde el Convenio de Basilea hasta el Pacto Verde Europeo, el derecho internacional y europeo ha respondido a la crisis ambiental mediante normas y políticas que promueven la sostenibilidad. Sin embargo, como sugiere la obra de Modigliani, la solución a estos problemas no reside únicamente en la regulación, sino en una transformación cultural y social que permita repensar los modelos de consumo, ajustándolos a los límites naturales del planeta.

El arte y el derecho convergen aquí para recordarnos que el caos actual puede ser ordenado, que las prácticas insostenibles pueden ser reformadas, y que un equilibrio entre producción, consumo y sostenibilidad es posible si las sociedades están dispuestas a cambiar. El lienzo de Modigliani, con sus tonos oscuros y sus trazos desorganizados, representa tanto los desafíos como las posibilidades de regeneración que el ODS 12 pone en el centro de la agenda global.

13 ACCIÓN POR EL CLIMA

Antoni Clavé I Sanmartí

(Barcelona, 1913 – Saint Tropez, Francia, 2005)

Sin título

- Grabado al carborundum, ejemplar 38/75.
- Medidas: 76 x 56 cm; 94 x 74 cm. (marco).
- Procedencia: Colección particular.

13

ADOPTAR MEDIDAS URGENTES PARA COMBATIR EL CAMBIO CLIMÁTICO Y SUS EFECTOS

I. Detalles destacados de la obra y de su autor

Como es sabido, Antoni Clavé, maestro catalán, pintor, escultor, impresor, decorador, y diseñador de vestuario, es una de las más relevantes figuras del arte contemporáneo español. Nacido en una familia modesta, abandonado por el padre, y obligado como quien dice a trabajar ya desde niño, devino discípulo del escultor Ángel Ferrant y del pintor José Mongrell, se formó en la Escuela de Bellas Artes de San Jordi de Barcelona, para dedicarse en un primer momento al grafismo publicitario, la ilustración y las artes decorativas. En 1936 combatió en el bando republicano de la Guerra Civil, en el frente de Aragón, sin abandonar del todo su actividad artística (pues elaboró carteles de guerra, entre otros). Se exilió a Francia cuando la contienda terminó. En 1939 expuso los dibujos que había llevado a cabo en los campos de batalla. Tras un breve paso por un campo de concentración en Perpiñán, recaló en París, donde conoció a figuras importantes del panorama artístico, como son Édouard Vuillard, Pierre Bonnard y Pablo Picasso.

En ese período Clavé comienza a desarrollar una obra marcada por una plástica distinta, menos clásica. Durante dicho periodo, se ha puesto de relieve que sus figuras van perdiendo precisión y forma; con ello se da paso al trazo y a una gama personal de colores y texturas que protagonizarán desde entonces sus obras (como apunta el Blog artístico Setdart). Cuando obtiene el reconocimiento en España ya gozaba ya de un considerable prestigio internacional. Cabe destacar en ese contexto la exposición de su obra en la Sala Gaspar de Barcelona (1956). La década de los 50 es la de su consagración, como apunta la Real Academia de la Historia en su página web.

El cineasta húngaro Charles Vidor (1900-1959) contó con él para que realizase los decorados de la película «Hans Christian Andersen» (1952), con los cuales fue nominado a un Óscar. La decoración le ocupó dos años más, cuando la abandonó para dedicarse por entero a la pintura. En la década de los sesenta del pasado siglo homenajeó a Doménikos Theotokópoulos, «el Greco». En ese período, su propia obra deja percibir la influencia recibidas del maestro, así como de pintores del barroco. El tema del caballero de la mano en el pecho cobrará gran importancia en la obra de Clavé a partir de ese momento. Se trata de una época en la que nuestro artista evoluciona definitivamente hacia la abstracción: deja atrás el barroquismo de su estilo ornamental y acoge una estética minimalista y pura. En los años setenta sigue evolucionando su obra; utiliza técnicas diversas como el collage, e inventa otras nuevas como el «papier froissé» (a veces traducido como «papel arrugado»); se trata de una invención casual, resultante del uso del aerosol sobre papeles, en efecto, arrugados. En 1978, el Museo Nacional de Arte Moderno de París (hoy llamado Centro Georges Pompidou) le dedicó una retrospectiva, con la cual se erigió en uno de los artistas de más renombre de su generación. En la década de los ochenta tuvo a Picasso como referente; a él le dedicó diversas obras bajo el título de «A don Pablo».

En su período final, recrea texturas dentro de la abstracción, y se extiende su empleo del ya referido papel arrugado, por el que es más conocido. En sus abstracciones líricas, combina la pintura con el collage, como se ve en la obra aquí reproducida. Obtuvo el premio Hallimark en Nueva York (1948), así como el de la Bienal de Venecia (1954) y la Bienal Internacional de Tokio (1957). En 1984, España expuso sus más de cien de sus obras en el pabellón español de la Bienal de Venecia. Ese mismo año le la Generalitat de Cataluña le impuso su Medalla de Oro. Su obra se expone, entre otros, en los museos de Bellas Artes de Bilbao, Tate Gallery, de Arte Moderno de París y Tokio, el British Museum (Londres) y el Reina Sofía (Madrid).

II. Comentario general

Como es sabido y de recuerda arriba, el Objetivo núm. 13 de Desarrollo Sostenible tiene como objeto «Adoptar medidas urgentes para combatir el cambio climático y sus efectos». En la página web de las Naciones Unidas publicada en relación con los ODS se explica algo que a estas alturas parece claro, como es que el cambio climático va a tener un impacto enorme sobre nuestras vidas y el planeta en general.

Dicho fenómeno se ha ido acelerando y el cataclismo resultante se aproxima de manera, al parecer, inevitable. Por ello, resultan indispensables dos tipos de medidas: las primeras son las llamadas «medidas de adaptación», mediante las cuales se trata de ajustarse a los efectos del cambio climático en el presente y el futuro; las segundas, las medidas de mitigación, cuyo objeto es conseguir que el cambio climático sea menos grave, mediante la reducción o incluso eliminación de la emisión a la atmósfera de los llamados gases de efecto invernadero (GEI).

En nuestro país, el cambio climático ha sido objeto de regulación legal mediante la Ley 7/2021, de 20 de mayo, de cambio climático y transición energética (Boletín Oficial del Estado [BOE] núm. 121, de 21.5.2021). Leyes similares se han aprobado en otros países, aunque su contenido pueda ser de una efectividad dudosa. En Alemania, el Tribunal Constitucional Federal (Bundesverfassungsgericht, BVerfG) declaró mediante sentencia de 24.3.2021 (caso «Neubauer c. Alemania») que la Ley federal de protección del clima (Bundesklimaschutzgesetz de 12.12.2019, Bundesgesetzblatt [BGBl.] I S. 2513) era contraria a la Constitución alemana (Grundgesetz, GG). En particular, los jueces alemanes concluyeron que la ley vulneraba derechos fundamentales, porque no establecía unos objetivos concretos de reducción de los niveles de emisión de GEI a partir de 2030 sino que difería la decisión al legislador de entonces. Al obrar así, el legislador estaba trasladando los efectos del cambio climático a las generaciones futuras. En otras palabras, la ley era demasiado poco ambiciosa, pero esa falta de coraje no solo era criticable desde el punto de vista político, sino que era irreconciliable con el actual marco jurídico-constitucional. Fruto de tal desaguisado fue una reforma legal en 2024, mediante la cual legislador federal ha tratado de corregir las insuficiencias del texto original (la reforma es de 15.7.2024, BGBl. 2024 I N.° 235). El mensaje que lanza el Tribunal Constitucional alemán en dicha sentencia, considerada «histórica» y «revolucionaria», es muy claro, en el sentido de que es una obligación constitucional que los poderes públicos luchen contra el cambio climático (por todos, Douhaire, 2024).

Ese desarrollo en Alemania es muy notable porque es una llamada de atención sobre la inactividad que desgraciadamente caracteriza el enfoque de las autoridades públicas en relación con el cambio climático. La citada sentencia alemana fue el resultado de una demanda interpuesta por un grupo de jóvenes activistas, encabezados por la publicista Luisa Neubauer (llamada en ocasiones la «Greta Thunberg alemana»). En diversos países, han sido grupos de ciudadanos los que han llevado esa inactividad a los tribunales. En Francia, una Organización No Gubernamental llamada «Notre Affaire à Tous» (algo así como «Nuestro asunto de todos») doblegó a la República francesa, mediante una sentencia que reconoció que, en efecto, el Estado francés había adoptado una conducta de pasividad culposa («inaction climatique») frente al cambio climático. Quizás sea algo exagerado decir que la sentencia ha sido «el caso del siglo» (L'Affaire du Siècle, como se ha dado en llamar). A resultas de ello, los tribunales franceses han obligado a los poderes públicos a rectificar y a corregir dicho comportamiento pasivo, si bien las indemnizaciones concedidas por daño moral resulten irrisorias por simbólicas (aunque conformes con una tradición muy francesa de conceder indemnizaciones con dicho carácter). Lo más importante del caso francés tal vez sea que el propio Estado incumplió los objetivos de lucha contra el cambio climático que él mismo había establecido en su «Estrategia Nacional de bajo carbono» (*Stratégie nationale bas carbone* [SNBC]).

El caso judicial más conocido ha sido el holandés. Unos 900 ciudadanos holandeses, de la mano de una Fundación llamada «Urgenda», demandaron al Estado por, nuevamente, su conducta culposa en relación con el cambio climático. Desde el punto de vista del Derecho, el caso resulta interesantísimo por muchas razones, pues se ejercitó una acción basada en las normas de responsabilidad civil del Código Civil de 1992 para denunciar la pasividad estatal. El Estado holandés, en lugar de reconocer su flagrante incumplimiento, obligó a las partes a proseguir un notable *via crucis* judicial, que acabó cuando el Tribunal Supremo (Hoge Raad [HR]) remató el caso y conformó las condenas dictadas en las instancias inferiores. La Sentencia del HR, de fecha 20 de diciembre de 2019, rechaza de plano el recurso del Estado y condena al mismo a reducir las emisiones de GEI antes del final de 2020 en un 25 % en relación con el año 1990. El caso obedece al patrón habitual: demanda ciudadana, contra un Estado pasivo, culpa de éste por haber incumplido sus propios objetivos, y condena subsiguiente (puede verse Ruda, 2018).

Esta oleada de litigación encaja perfectamente en el ODS que se está comentando. La teoría dice que los Estados están obligados a adoptar medidas urgentes contra el cambio climático. Sin embargo, la realidad es muy distinta. En lugar de ello, se dedican a aprobar leyes poco ambiciosas, de efectividad cuestionable, y cuando se ven puestos en evidencia ante los Tribunales, adoptan una actitud desgastante de confrontación, que obliga a los demandantes a consumir enormes (para ellos) recursos para llegar a un resultado inevitable, cual es la condena del Estado infractor.

A todo esto, existe una excepción hispánica o, mejor dicho, española. En 2023, el Tribunal Supremo de España desestimó una demanda interpuesta por Greenpeace y otras ONG en relación con una supuesta inacción del Estado. A diferencia del caso holandés, el español no adoptó perfiles civiles, sino que lo resolvió la Sala Tercera del Alto Tribunal. Además, no fue acompañada de la movilización ciudadana que prácticamente constituye la «marca de la casa» o uno de los rasgos más definitorios de las demandas por inacción climática. Al parecer, las entidades demandantes recurrieron ante el Tribunal Constitucional.

Entre tanto, ha tenido lugar otra sentencia notable en este ámbito, procedente en este caso del Tribunal Europeo de Derechos Humanos (TEDH). El asunto se había planteado con anterioridad ante los tribunales internos en Suiza, sin éxito. Un grupo de señoras mayores, las que se podrían llamar «Viejecitas del clima» (Klimaseniorinnen) —un colectivo de más de 2000 mujeres mayores de 65 años, en realidad— demandaron a la Confederación Helvética por su inacción en la lucha contra el cambio climático. Las abuelitas suizas argumentaban en sus reclamaciones que el Estado estaba perjudicando a las generaciones venideras. En esta ocasión, la desestimación interna o nacional de la demanda vino acompañada de un recurso ante el Tribunal antes citado, sito en Estrasburgo. Los jueces concluyen que, en efecto, Suiza no está haciendo lo suficiente para combatir contra el cambio climático. Aunque la sentencia, dictada el 9.4.2024 por el Pleno del Tribunal (Gran Sala) (caso núm. 53600/20), lógicamente solo tiene efectos procesales respecto de Suiza, es evidente que lanza un mensaje muy diáfano al resto de Estados miembros de la Convención Europea de Derechos Humanos, cuya infracción se entiende constatada. La sentencia acoge el argumento de que se ha vulnerado el acceso a la justicia, dado que el Estado demandado no está haciendo lo suficiente para mitigar los efectos del cambio climático. Suiza dejó de cumplir sus «obligaciones positivas» conforme a la Convención, que le hubiesen llevado a cuantificar las emisiones de GEI, entre otras cosas. Al no permitir el Derecho suizo interno que las demandantes reclamasen, no se tuvo tampoco en cuenta la poderosa prueba científica en relación con el cambio climático.

III. Apunte final

Los Estados están obligados conforme al ODS de referencia a adoptar medidas urgentes para luchar contra el cambio climático. Aunque a veces se adoptan medidas, algunas de ellas se toman de caras a la galería y no tienen una traducción práctica suficiente. La cuestión es que, cuando los ciudadanos ponen el grito en el cielo (o en los tribunales), los Estados demandados se resisten a admitir su evidente despreocupación.

Los ciudadanos se ven envueltos en procesos judiciales largos, arriesgados y costosos, que en algunos casos (como el español) acaban en una estrepitosa derrota. En el marco comparado, el caso español es excepcional y aislado, pues en todo el mundo los tribunales están sacando los colores a los Estados, en general pasivos. Lamentablemente, algunos se oponen a este tipo de reclamaciones, con argumentaciones extrañas como que se está instrumentalizando el proceso con fines estratégicos (como si tuviese algo de malo que el Estado comience de una vez a luchas contra el cambio climático), o que se pone en riesgo la separación de poderes (como si los jueces no pudiesen controlar a las Administraciones ante casos de pasividad o de contradicción flagrantes entre lo que éstas dicen y lo que en realidad hacen). Por fortuna, la desidia de los Estados tiene poco que hacer ante la tenacidad ciudadana, que ha tenido que recurrir a los foros internacionales —como en el último caso citado— para doblegar al Estado incumplidor.

Mientras los Estados sigan cruzados de brazos (o haciendo ver que hacen algo) tendrán que ser los ciudadanos los que sigan movilizándose. Sin embargo, conviene evitar que es solo una minoría muy reducida la que interviene en este tipo de acciones. La pasividad de los Estados no deja de ser reflejo de la conducta pasiva de la mayoría de la población, a la cual resulta imposible llevar a juicio. Es por ello por lo que resulta fundamental que se impongan obligaciones sobre los Estados y que existan mecanismos para hacerlas cumplir, como los aquí referidos. De ese modo, la lucha contra el cambio climático adoptará el aspecto de un posible collage, que tal vez recuerde a la obra del autor aquí comentado.

14 VIDA SUBMARINA

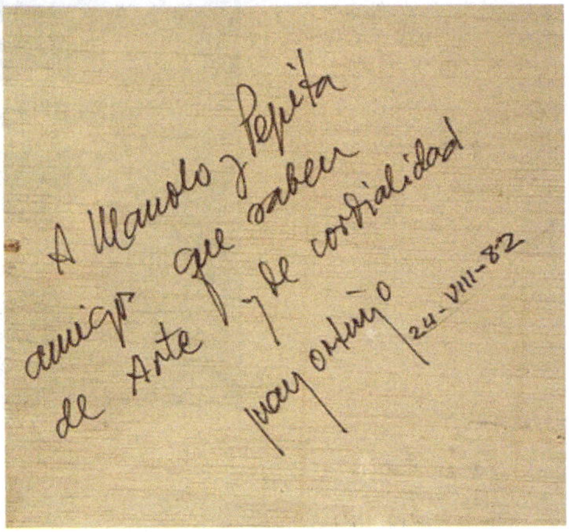

Juan Ortuño

(Yecla, Murcia 1940-1997)

«En el puerto». 1982

- Óleo sobre lienzo adherido a tabla.
- Medidas: 38 x 46 cm., 44 x 52 cm. (marco).
- Procedencia: Colección particular.

14

CONSERVAR Y UTILIZAR EN FORMA SOSTENIBLE LOS OCÉANOS, LOS MARES Y LOS RECURSOS MARINOS PARA EL DESARROLLO SOSTENIBLE

I. Detalles destacados de la obra y de su autor

Pintor murciano del siglo XX, especializado en la pintura costumbrista y de paisaje. Ortuño intenta plasmar en sus obras momentos cotidianos como si de una fotografía se tratara. La luz y el color es importante es sus obras que suelen estar retratadas en unas horas donde el sol se esconde o amanece.

II. Comentario general

Introducción

El océano, que cubre más del 70 % de la superficie de nuestro planeta, es un vasto sistema que no sólo alberga una rica biodiversidad, sino que también sostiene la vida en la Tierra. La conservación y el uso sostenible de los océanos, los mares y los recursos marinos es un desafío fundamental en la actualidad, dado que se relaciona directamente con el Objetivo de Desarrollo Sostenible (ODS) 14 de la Agenda 2030. Este objetivo no solo busca proteger y restaurar los ecosistemas marinos, sino que también promueve el uso sostenible de los recursos marinos, un aspecto crucial para el bienestar humano y la salud del planeta.

La relación del ser humano con los océanos

Desde tiempos inmemoriales, los seres humanos han dependido de los océanos y mares para sobrevivir. Estos cuerpos de agua son fuentes vitales de alimento, transporte y recursos económicos. Las comunidades costeras, en particular, han desarrollado culturas y economías que dependen en gran medida de la pesca y el turismo marino. Sin embargo, la relación del ser humano con los océanos ha sido históricamente ambivalente; mientras que se ha utilizado para el desarrollo y la prosperidad, también ha sido explotado de manera insostenible.

La sobrepesca, la contaminación y el cambio climático han llevado a la degradación de los ecosistemas marinos, amenazando la biodiversidad y los medios de vida de millones de personas. Por lo tanto, es fundamental repensar esta relación y adoptar un enfoque que priorice la sostenibilidad.

La importancia de los océanos y mares

Los océanos y mares juegan un papel crucial en la regulación del clima global. Actúan como un regulador del carbono, absorbiendo aproximadamente un tercio del dióxido de carbono emitido por actividades humanas. Además, los océanos son el hogar de alrededor del 80 % de la vida en la Tierra, proporcionando hábitats esenciales para innumerables especies. La pérdida de biodiversidad marina no solo impacta a las especies que habitan estos ecosistemas, sino que también repercute en la salud de los ecosistemas terrestres y en el bienestar humano.

Amenazas a los océanos y la necesidad de la conservación

A pesar de su importancia, los océanos enfrentan múltiples amenazas. La sobrepesca ha llevado a la disminución de poblaciones de peces, lo que a su vez afecta la seguridad alimentaria y los medios de vida de muchas comunidades. La contaminación, tanto por plásticos como por desechos químicos, ha deteriorado la calidad del agua y dañado la vida marina. Por otro lado, el cambio climático está provocando el aumento de la temperatura del agua y la acidificación, lo que perjudica a los ecosistemas y a las especies que dependen de ellos.

La conservación de los océanos implica la implementación de políticas que promuevan prácticas de pesca sostenible, la reducción de la contaminación y la protección de áreas marinas. Establecer áreas marinas protegidas (AMP) es una de las estrategias más efectivas para preservar la biodiversidad y permitir que los ecosistemas se regeneren.

Estrategias para un uso sostenible

Para lograr un uso sostenible de los océanos y sus recursos, es esencial adoptar un enfoque integral que incluya tanto la ciencia como la participación comunitaria. La educación y la sensibilización son herramientas fundamentales para fomentar la responsabilidad en el uso de los recursos marinos. Las comunidades deben ser empoderadas para participar en la gestión sostenible de sus recursos, asegurando que las decisiones se tomen de manera inclusiva.

Las tecnologías innovadoras también desempeñan un papel importante. Desde métodos de pesca más sostenibles hasta sistemas de monitoreo ambiental, la tecnología puede ayudar a mitigar el impacto humano en los océanos. Además, la investigación científica es crucial para comprender mejor los ecosistemas marinos y desarrollar estrategias efectivas de conservación.

La cooperación internacional como clave

La naturaleza interconectada de los océanos exige una cooperación internacional sólida. Las políticas y acciones deben ser coordinadas a nivel global para abordar problemas como la pesca ilegal y la contaminación transfronteriza. Los acuerdos internacionales, como la Convención de las Naciones Unidas sobre el Derecho del Mar, son fundamentales para establecer un marco que promueva la conservación y el uso sostenible de los océanos.

La cooperación también puede extenderse a la investigación y el intercambio de tecnología entre países. Las naciones deben trabajar juntas para desarrollar soluciones innovadoras que beneficien tanto a las comunidades locales como a los ecosistemas marinos.

Conclusiones

Conservar y utilizar de forma sostenible los océanos, los mares y los recursos marinos es un imperativo para el desarrollo sostenible. La salud de los océanos está intrínsecamente ligada al bienestar humano, y es nuestra responsabilidad proteger este recurso vital. A través de la implementación de políticas efectivas, la educación y la cooperación internacional, podemos trabajar hacia un futuro en el que los océanos no solo sobrevivan, sino que prosperen.

La preservación de los océanos no es solo una cuestión ambiental; es una cuestión de justicia social, económica y de derechos humanos. Es hora de que tomemos medidas decisivas para garantizar que las generaciones futuras puedan disfrutar de los beneficios que nos ofrecen los océanos, al mismo tiempo que cuidamos de su salud y biodiversidad.

III. Apunte final

La obra «En el puerto» de Juan Ortuño, creada en 1982, se inserta en un contexto donde la relación entre el ser humano y el mar es palpable y compleja. La pintura muestra una escena vibrante que captura la vida portuaria, reflejando tanto la actividad humana como la interacción con el océano. A través de esta obra, se pueden explorar los temas de conservación y uso sostenible de los océanos, en línea con el ODS 14.

En este cuadro Ortuño presenta un ambiente bullicioso, lleno de barcos y personas que trabajan en la captura y transporte de recursos marinos. Esta representación visual destaca la dependencia del ser humano de los océanos para su subsistencia y economía, similar a lo que se menciona en el texto sobre la importancia de los océanos para las comunidades costeras. Sin embargo, también plantea una reflexión sobre la sobreexplotación y el impacto que esta actividad puede tener en los ecosistemas marinos.

La obra de Ortuño puede interpretarse como una llamada a encontrar un equilibrio entre la actividad humana y la preservación de la naturaleza. La pintura invita a observar la belleza y la riqueza del entorno marino, sugiriendo que esta riqueza debe ser protegida, no solo para las generaciones presentes, sino

La vibrante vida retratada en «En el puerto» contrasta con los problemas actuales de contaminación y degradación de los océanos. La obra puede servir como un recordatorio de las consecuencias de la acción humana desmedida. A medida que las actividades portuarias y pesqueras se expanden, la salud de los ecosistemas marinos se ve amenazada. Así, la pintura se convierte en una metáfora de la necesidad urgente de adoptar prácticas sostenibles que protejan los mares y sus recursos. Asimismo, «En el puerto» celebra la cultura marina, que es un aspecto fundamental en la vida de muchas comunidades costeras. Esta cultura, que incluye tradiciones, conocimientos y formas de vida, es esencial para la identidad de estos grupos. La conservación de los océanos, por lo tanto, no solo se trata de proteger el medio ambiente, sino también de preservar estas culturas y sus modos de vida, tal como se resalta en la importancia de la participación comunitaria en el uso sostenible de los recursos marinos.

Por último, la obra de Juan Ortuño propuesta y la temática de la conservación y uso sostenible de los océanos están intrínsecamente relacionadas. La pintura refleja la interacción del ser humano con el mar, un vínculo que debe ser gestionado con cuidado y respeto. Al integrar estas reflexiones, podemos entender que la apreciación estética del mar debe ir acompañada de un compromiso por su protección, promoviendo prácticas que aseguren su salud y sostenibilidad para el futuro. De esta manera, el arte se convierte en un vehículo poderoso para sensibilizar sobre la necesidad de cuidar nuestros océanos, alineándose con los objetivos del desarrollo sostenible.

15 VIDA DE ECOSISTEMAS TERRESTRES

Manuel Hernández Mompó

(Valencia, 1927 – Madrid, 1992)

«París»

- Óleo sobre tablex.
- Medidas: 16 x 11.5 cm.; 29.5 x 25 cm. (marco).
- Procedencia: Colección particular.

15

PROTEGER, RESTABLECER Y PROMOVER EL USO SOSTENIBLE DE LOS ECOSISTEMAS TERRESTRES, GESTIONAR LOS BOSQUES DE FORMA SOSTENIBLE, LUCHAR CONTRA LA DESERTIFICACIÓN, DETENER E INVERTIR LA DEGRADACIÓN DE LAS TIERRAS Y PONER FRENO A LA PÉRDIDA DE LA DIVERSIDAD BIOLÓGICA

I. Detalles destacados de la obra y de su autor

Hijo de un profesor de pintura, Hernández Mompó alternó los estudios básicos y de bachillerato con las clases de la Escuela de Artes Aplicadas y Oficios Artísticos de Valencia, en la que ingresó en 1943. En 1948 obtuvo una beca para pintar en Granada, en la Residencia de Pintores, y tres años después una nueva pensión le permitirá viajar a París. En la capital francesa entró en contacto con los círculos de pintores informalistas, cuya influencia marcaría su producción posterior, dejando definitivamente atrás los paisajes y retratos que habían dominado su obra hasta entonces. Entre 1954 y 1955 pasó una larga temporada en Roma, pensionado por el Departamento de Cultura del Ministerio de Educación Nacional para estudiar en la Academia de Bellas Artes de España en la capital italiana. En 1954 participó en la Exposición Internacional de Viareggio, en la que fue galardonado con el Premio de la Navegación Italiana. Deja Italia y se instala en Ámsterdam, donde frecuentó, de nuevo, los cenáculos informalistas. En 1957 regresa a España y se instala en Aravaca (Madrid). Al año siguiente le fue concedida una beca de la Fundación Juan March de Madrid, y obtuvo el Gran Premio Nacional de Pintura y una primera medalla en la Exposición Nacional de Bellas Artes. Durante los años sesenta y setenta alternó su residencia entre Madrid, Ibiza, y en 1973 pasó un año en California. De regreso a España se instaló en Mallorca. Hernández Mompó expuso en las principales capitales de Europa y Estados Unidos, y participó en colectivas nacionales y extranjeras. Entre sus más destacados premios cabe señalar el Premio Unesco recibido en la XXXIV Bienal de Venecia de 1968. En 1984 se le concedió el Premio Nacional de Bellas Artes del Ministerio de Cultura. Su estilo de juventud se vio pronto influido de manera definitiva por el expresionismo abstracto y el informalismo, aunque sus obras nunca perdieron la realidad como referente. En su producción, Hernández Mompó plasma una imaginería figurativa y poética, mezclada armónicamente con elementos abstractos y ricos efectos de superposición. Hernández Mompó está representado en el IVAM de Valencia, el Museo Nacional Reina Sofía, el de Arte Abstracto de Cuenca, el British Museum de Londres, el Centro Georges Pompidou de París, la colección Chase Manhattan Bank de Nueva York y el Museo Winterthur de Suiza, entre muchos otros.

II. Comentario general

En esta obra, Hernández Mompó nos da una visión abstracta de París en la que la coexistencia del humano y la naturaleza parecer ser viable y posible. En un París otoñal, Hernández Mompó nos muestra los árboles desnudos, sin sus hojas, junto a las pocas que aún habitan en sus ramas, esperando el momento justo para caer.

Como se sabe esta obra debe ser puesta en relación con el objetivo de desarrollo número 15 que como su título indica, busca, en definitiva, salvar la Tierra que conocemos a día de hoy de la barbarie a la que el ser humano la ha sometido con su acción, a través de la creación de zonas verdes que puedan frenar el preocupante proceso de desertificación que lleva aparejado ese menoscabo sin precedentes en la biodiversidad del planeta.

París, no es un cuadro alegre, ni feliz, ni radiante en el que pueda verse una ciudad llena de vitalidad, gentío o bullicio. La París que uno imagina —influenciada probablemente por el cine—, está repleta de turistas, cafés, sus ciudadanos con prisa, etc. Sin embargo, está visión dista mucho de la representación abstracta que el artista nos da de París. Es una París apagada, aunque con dinamismo y sobre todo en armonía.

Esto nos puede llevar a dos reflexiones: 1) de un lado, el aspecto otoñal puede representar el fin de una etapa. Bien visto, el otoño representa la muerte, el fin, solo que la naturaleza siempre tiene guardado un nuevo haz de vida, una nueva semilla, una nueva hoja por brotar. Sin embargo, el humano, por desgracia no es tan sabio como la madre natura, y si no se revierten las acciones y consecuencias de la conducta humana es posible que la representación no sea la de un otoño víspera de un invierno, sino el otoño como antesala del final; 2) De otro lado, esa armonía y tranquilidad que plasma el cuadro puede verse como la representación de una ciudad sostenible en la que convivencia entre el ser humano y la naturaleza es posible, como lo era antaño. El panorama actual, en el que la acción humana está profundamente marcada por un interés crematístico, sin importar las consecuencias que para la naturaleza conlleve, es insostenible e incompatible con el mantenimiento de la vida.

Mompó viste el lienzo con un amarillo preocupante, no hay colores vibrantes y, si bien se sugiere cierto dinamismo y movimiento, hay una clara conexión con la vida. El color pajizo del cuadro nos recuerda a las hojas enfermas de un árbol que ha de ser tratado, al color de la piel de alguien que padece alguna afección. ¿Acaso no es el color de nuestro planeta ahora mismo? ¿No está nuestro ecosistema en crisis? ¿Qué porcentaje de zonas vírgenes quedan sin descubrir en el mundo? ¿Cuántos puntos en el porcentaje de diversidad ha pedido la Tierra desde que comenzó el siglo XX? ¿Conocemos realmente los niveles de desertificación de nuestras ciudades? ¿Creemos que la tala indiscriminada de árboles ha dejado de existir o quizá ocurren hasta en tu municipio? ¿Existe un plan real, estructurado y eficiente para recuperar zonas verdes, luchar contra la desertificación y frenar la pérdida de biodiversidad?

Si las preguntas que hemos formulado en el párrafo anterior son aterradoras, es mejor no pensar en las respuestas. No obstante, el color amarillo de la Tierra es una señal de aviso para tomar las medidas necesarias. La sapiencia de la naturaleza es posiblemente uno de sus rasgos más conocidos —llegando incluso al refranero español con la célebre frase: «La naturaleza es sabia»— y sus alertas son claras y evidentes incluso para quienes no somos expertos en ningún campo de la biología o de la geología o cualquier rama relacionada con las ciencias naturales.

Como hemos referido el color es amarillo, y, aunque hay tonalidades oscuras, el negro no es un color que predomine en el cuadro. Ello puede ser interpretado como que la situación actual es inquietante y alarmante, pero esperemos que aun remediable. La Tierra está enferma, sufriendo daños diariamente y de forma imparable y aunque se han alcanzado algunos puntos de inflexión, todavía pueden tomarse medidas que frenen este deterioro sin precedentes.

Siguiendo el símil anterior, cuando las hojas de un árbol amarillean y se tornan de color más ocre que dorado, puede significar, entre otras razones, que el árbol está enfermo. Ante la enfermedad solo queda buscar el antídoto. En el plano del árbol es relativamente sencillo, en el plano de la Tierra es más complejo.

Sin ningún tipo de duda, las medidas que han de tomarse para salvar el planeta Tierra van enfocadas a la reforestación. Esto es, es necesario que se regeneren las tierras, que se fomente la plantación de árboles y especies vegetales siguiendo planes metodológicos diseñados por expertos que identifiquen las necesidades de cada planta.

Si el árbol está enfermo no valdrá cualquier remedio, no será útil cualquier medicina, sino que el experto deberá determinar cuál es el problema y proponer una solución. En términos de sostenibilidad y recuperación de nuestro planeta, ocurre algo similar, no sirve que plantemos árboles al azar sin conocer el estado de la tierra (qué nutrientes requiere, qué tipo de suelo es, etc.), sin saber la especie que se siembra, sin conocer qué planta se adaptará mejor al medio ambiente.

En el proceso de reforestación y recuperación de nuestro medio debe estar presente la metodología. De la misma manera que Mompó sigue unos patrones, un estilo abstracto en esta obra y una técnica depurada, llevar a cabo estas acciones deben seguir una hoja de ruta diseñada por expertos en la materia y por científicos que dibujen las líneas maestras.

Pintar un cuadro, como norma general, es un proceso marcado por la inspiración, pero también por la constancia y el trabajo. En líneas generales podría hacerse un símil con las acciones tendentes a recuperar nuestro medio. En cualquiera de los dos escenarios se necesita tiempo y, sobre todo, ser consciente de que se trata de un proceso que no se comienza si se piensa que terminará en un mismo día. Es más que probable que las acciones que se tomen hoy, es decir, las especies que se planten hoy, los árboles que se siembren hoy no darán sus frutos hasta mañana. El crecimiento es lento, los procesos avanzan paulatinamente y requieren de paciencia, por ello, los que luchamos hoy por conservar el medio, por dar vida a nuevas especies, quizá no veamos estas batallas ganadas y sean las próximas generaciones las que puedan disfrutar de un planeta mejor, más sostenible.

III. Apunte final

El pincel y las pinturas son al proceso de reforestación y recuperación de nuestro planeta los materiales que necesitamos para plasmar sobre el lienzo, esto es, sobre nuestras ciudades. Cuando el pintor se decide a crear una obra, se esmera y busca el mejor de los resultados. En esta obra, los pintores somos nosotros, cada uno de los ciudadanos de este planeta tiene el deber moral de luchar porque la Tierra deje de estar enferma, por recuperar la biodiversidad, por hacer más habitables las ciudades y por pensar en el futuro del lugar en el que vivimos.

Otro debate sería, aunque no por ello se dejará de hacer mención, si los intereses del sistema económico y de las grandes fortunas, son compatibles con los objetivos que loablemente nos hemos marcado. En este estadio es lícito preguntarse si el capitalismo pasará por las necesarias restricciones a las que será necesaria someter numerosos procesos de producción, o a las limitaciones medioambientales que se aplicarán en ciertos sectores para alcanzar los fines propuestos.

Como reflexión final y como llamamiento a toda autoridad política, administrativa o pública que tenga asignadas facultades para revertir la desertificación, la pérdida de biodiversidad, hay que tomar medidas de forma inminente. Las consecuencias se acentúan cada momento que pasa. En definitiva, si es usted alguna de las autoridades mencionadas anteriormente tiene el deber moral de crear campañas de reforestación, de dar vida a nuestros bosques, de repoblar nuestras ciudades, etc. Si usted es un ciudadano de a pie, en su medida, también podrá llevar a cabo estas acciones. Es deber de todos concienciar, hablar sobre la importancia de la vida de los árboles y no dejar que la pasividad se apodere del ciudadano.

«Planta un árbol sobre la tierra firme y ayúdalo a crecer»

16 PAZ, JUSTICIA E INSTITUCIONES SÓLIDAS

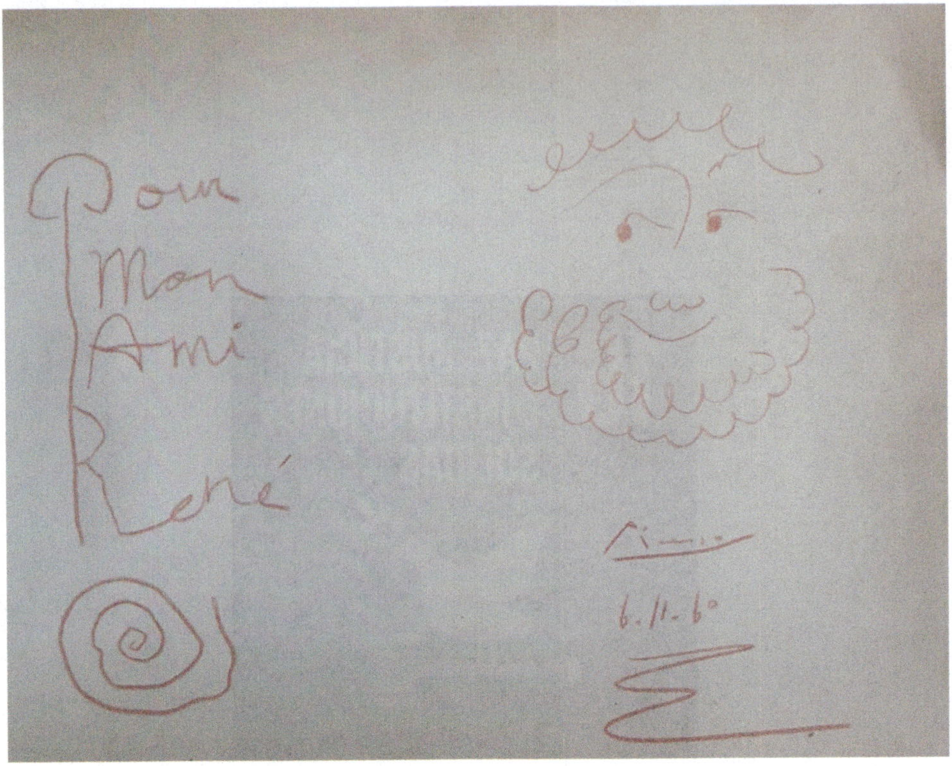

Pablo Ruiz Picasso

(Málaga, 25 de octubre de 1881-Mougins, 8 de abril de 1973)

Dibujo que se encuentra en el interior del libro
PICASSO. Dessins de Tauromachie 1917-1960

- Medidas: 23 x 30 cm.
- Procedencia: Colección particular.

16

PROMOVER SOCIEDADES PACÍFICAS E INCLUSIVAS PARA EL DESARROLLO SOSTENIBLE, FACILITAR EL ACCESO A LA JUSTICIA PARA TODOS Y CREAR INSTITUCIONES EFICACES, RESPONSABLES E INCLUSIVAS A TODOS LOS NIVELES

I. Detalles destacados de la obra y de su autor

Pablo Ruiz Picasso inicia sus estudios artísticos en Barcelona, en la Escuela Provincial de Bellas Artes (1895). Tan sólo dos años después, en 1897, Picasso realiza su primera muestra individual, en el café «Els Quatre Gats». París se va a convertir en la gran meta de Pablo y en 1900 se traslada a la capital francesa por un breve periodo de tiempo. Al regresar a Barcelona, empieza a trabajar en una serie de obras en la que se observan las influencias de todos los artistas que ha conocido o cuya obra ha visto. Es una esponja que lo absorbe todo pero no retiene nada; está buscando un estilo personal. Entre 1901 y 1907 se desarrollan la Etapa Azul y la Etapa Rosa, caracterizadas por el uso de esos colores y por su temática con figuras sórdidas, aisladas, con gestos de pena y sufrimiento. La pintura de estos años iniciales del siglo XX está viviendo continuos cambios y Picasso no puede quedarse al margen. Se interesa entonces por Cézanne, y partiendo de su ejemplo va a desarrollar una nueva fórmula pictórica junto a su amigo Braque: el cubismo. Pero Picasso no se queda ahí y en 1912 practica el collage en la pintura; a partir de este momento todo vale, la imaginación se hace dueña del arte. Picasso es el gran revolucionario y cuando todos los pintores se interesan por el cubismo, él se preocupa por el clasicismo de Ingres. El movimiento surrealista de 1925 no le coge desprevenido y, aunque no participa abiertamente, le servirá como elemento de ruptura con lo anterior, introduciendo en su obra figuras distorsionadas con mucha fuerza y no exentas de rabia y furia. Igual que ocurre con Goya, a Picasso también le influye en gran medida la situación personal y social a la hora de trabajar. Sus relaciones con las mujeres, frecuentemente tumultuosas, van a afectar seriamente a su obra. Sin embargo, lo que mayor impacto tuvo en Picasso fue el estallido de la Guerra Civil española y el bombardeo de Guernica, que provocó la realización de la obra más famosa del arte contemporáneo. París fue su refugio durante mucho tiempo, pero los últimos años de su vida los pasó en el sur de Francia, trabajando en un estilo muy personal, con vivos colores y formas extrañas. Picasso está representado en los museos más importantes de todo el mundo, como el Metropolitan, el MOMA y el Guggenheim de Nueva York, el Hermitage de San Petersburgo, la National Gallery de Londres o el Reina Sofía de Madrid.

Con esta obra que presentamos: dibujo a rotulador de «Personaje», firmado, fechado y dedicado, nos adentramos, de forma indirecta, en una de las grandes pasiones de Picasso: los toros. Buena prueba de ello es el homenaje que al artista se le hace con el libro PICASSO. Dessins de Tauromachie 1917-1960, y donde en sus páginas interiores se recoge el genial dibujo «Personaje» que aquí se reproduce.

II. Comentario general: Pablo Ruiz Picasso (y su obra) como motor para la prmoción de sociedades pacíficas

Más que la obra que presentamos bajo el palio de este ODS 16 **(dibujo «Personaje» que se encuentra en el interior del libro PICASSO. Dessins de Tauromachie 1917-1960)** es la figura de su autor, Pablo Ruiz Picasso, artista español de todos los tiempos, uno de los considerados «Tres Reyes Mayos» del arte español (junto a Joan Miró y a Salvador Dalí) quien nos evoca a hablar de la promoción de sociedades pacíficas e inclusivas para el desarrollo sostenible y de facilitar el acceso a la justicia para todos, no en vano si alguien debe enarbolar la bandera de la paz ese es Pablo Ruiz Picasso.

Durante mucho tiempo, Picasso procuró mantenerse al margen de la política, pero el inicio de la Guerra Civil en su natal España inspiró, al fin, que se convirtiera en un activista por la paz. Este punto de inflexión se refleja en su obra *Guernica*, de 1937, inspirada por un bombardeo ocurrido en una ciudad vasca que lleva el mismo nombre. El *Guernica* representa una protesta simbólica contra la guerra y procura ser un testimonial pues nos muestra los fragmentos de las personas, las animales y las cosas. Picasso llegó a afirmar que «la pintura [el *Guernica*] no está hecha para decorar apartamentos: es un instrumento de guerra ofensiva y defensiva contra el enemigo» (entrevista con Simone Téry, el 24 de marzo de 1945, en Alfred H. Barr Picasso [1946]).

En 1944 el pintor se afilió al Partido Comunista Francés, pues consideraba que, con el comunismo, la humanidad podría alejarse de las atrocidades que causó el fascismo de la Segunda Guerra Mundial y de la Guerra Civil española. Más adelante, continuó suscribiendo los movimientos por la paz. Otras de sus obras antibélicas fueron: *El* osario (1945), que simboliza los horrores de los campos de exterminio nazis; *Masacre en Corea* (1951), donde más de 30.000 civiles fueron asesinados bajo el mandato de militares estadounidenses.

Su obra gráfica política, con bocetos de grandes óleos, dibujos, grabados y carteles, así como fotografías y documentos conforman la muestra de más de un centenar de piezas bajo el título «Pablo Picasso - Frieden (Paz)», en la sede central de la socialdemocracia alemana (SPD).

El compromiso político de Picasso se inició ya en su juventud con el apoyo a los revolucionarios cubanos que luchaban por la independencia de la isla de España y alcanzó su plenitud en la Guerra Civil Española con su famoso cuadro sobre el bombardeo de Gernika. Impresionado por la destrucción de la ciudad que pocos años antes fue la Breslau de la Silesia alemana, Picasso dibujó su más famosa y reproducida paloma de la paz, a la que luego seguirían múltiples variantes.

Sus trabajos para las portadas de diarios como Liberation, Le Travallier Catalan, L'Humanite y Les Lettres Francaises figuran con originales en la exposición, al igual que retratos de Carlos Marx, el escritor y periodista ruso Ilja Ehrenburg, el astronauta soviético Juri Gagarin o el escritor español Antonio Machado.

Destaca también su conocido cartel de 1959 en favor del Comité Nacional de Ayuda a las Víctimas del Franquismo con la palabra «amnistía» en letras mayúsculas y un preso entre rejas ante el que vuela una paloma de la paz.

Pablo Picasso participó en los años 50 y 60 en numerosos congresos de carácter pacifista para los que realizó múltiples dibujos, con frecuencia de palomas de la paz o con ramos de flores como el Décimo Congreso Mundial de los Partisanos de la Paz en Londres en 1950 o el Congreso Mundial por el Desarme General y la Paz en Moscú en 1962.

Su compromiso político le llevó a realizar numerosos dibujos publicitarios como «El ramo de flores» para el Congreso de la Paz en Estocolmo en 1958 o «El círculo de la amistad» para el Festival Mundial de la Juventud en 1959 en Viena.

También se solidarizó pictóricamente con actos como el Primer Congreso de Escritores y Artistas Negros en los años cincuenta en Francia o la Jornada de los Intelectuales en favor de Vietnam en 1968, para los que hizo sendos carteles.

En definitiva, la relación entre **Pablo Ruiz Picasso y la paz** es algo que ha sido muy discutido a lo largo de los años. Muchos han afirmado que su trabajo refleja un compromiso con el movimiento por la paz en todo el mundo.

III. Apunte final: el acceso a la justicia para todos

Conseguir la justicia y su corolario, la paz, así como facilitar el derecho fundamental de acceso a la justicia para los más desfavorecidos, reforzar la lucha contra el narcotráfico, la corrupción y la delincuencia organizada transnacional, y aplicar las nuevas tecnologías a la administración de justicia de forma que esta sea más rápida, ágil y eficaz y cumpla por tanto con su doble labor de castigar al culpable y contribuir a reparar el daño causado sin demoras. Este sería el **«Objetivo 16. "Promover sociedades pacíficas e inclusivas para el desarrollo sostenible, facilitar el acceso a la justicia para todos y construir a todos los niveles instituciones eficaces e inclusivas que rindan cuentas"» (ODS 16).**

Los conflictos, la inseguridad, las instituciones débiles y el acceso limitado a la justicia continúan suponiendo una grave amenaza para el desarrollo sostenible. El número de personas que huyen de las guerras, las persecuciones y los conflictos superó los 70 millones en 2018, la cifra más alta registrada por la Oficina del Alto Comisionado de las Naciones Unidas para los Refugiados (ACNUR) en casi 70 años.

En 2019, las Naciones Unidas registraron 357 asesinatos y 30 desapariciones forzadas de defensores de los derechos humanos, periodistas y sindicalistas en 47 países. Además, los nacimientos de alrededor de uno de cada cuatro niños en todo el mundo con menos de 5 años nunca se registran de manera oficial, lo que les priva de una prueba de identidad legal, que es crucial para la protección de sus derechos y para el acceso a la justicia y a los servicios sociales.

Los retos actuales planteados por la pobreza, el hambre, la disminución de los recursos naturales, la escasez de agua, la desigualdad social, la degradación ambiental, las enfermedades, la corrupción, el racismo y la xenofobia, entre otros factores, suponen un desafío para la paz y generan un terreno fértil para el surgimiento de conflictos. El desarrollo sostenible contribuye de manera decisiva a disipar y eliminar estas causas de conflicto, además de sentar las bases para una paz duradera. La paz, a su vez, consolida las condiciones requeridas para el desarrollo sostenible y moviliza los recursos necesarios que permiten a las sociedades desarrollarse y prosperar. Las ciudades y los pueblos son el hogar común de millones de personas, y las instituciones que las gobiernan pueden tener un papel clave en la consecución de dichos objetivos.

En el ámbito general de lucha contra la desigualdad ha de situarse la promoción de la igualdad de acceso a la justicia, como un elemento más de cohesión social, base de una sociedad democrática, porque la vulnerabilidad económica, social o educativa no puede ser nunca un obstáculo para obtener del Estado la protección jurídica que proporciona a los ciudadanos.

La rendición de cuentas es, consecuentemente, el paso definitivo que debemos dar. Una sociedad informada, gestionada por administraciones e instituciones públicas transparentes y abiertas, está en disposición de exigir a sus gobernantes el cumplimiento de los compromisos adquiridos por éstos sobre la base de hechos probados y ciertos.

17 ALIANZAS PARA LOGRAR LOS OBJETIVOS

John Christoforou

(Londres, Reino Unido, 1921 – París, Francia, 2014)

Sin título, 1992, de la «Suite Olympic Centennial»

- Litografía sobre papel Vélin d'Arches de 270 gramos, ejemplar 170/250.
- Medidas: 90 x 63 cm; 88 x 108 (marco).
- Procedencia: Colección particular.

17

FORTALECER LOS MEDIOS DE EJECUCIÓN Y REVITALIZAR LA ALIANZA MUNDIAL PARA EL DESARROLLO SOSTENIBLE

I. Detalles destacados de la obra y de su autor

La Suite Olímpica está compuesta por 50 litografías y serigrafías escogidas para representar diversas tendencias artísticas contemporáneas. Fue editada para conmemorar el primer centenario del olimpismo moderno. Los artistas escogidos trabajan en movimientos y estilos muy diversos, desde el hiperrealismo de Antonio López a la abstracción de Sol Lewitt, pasando por el expresionismo abstracto, el geometrismo de Arden Quin, el arte conceptual, el pop art, el nuevo realismo de Baldaccini y Rotella, o el nuevo fauvismo de Dokoupil, entre otros. Entre los artistas representados hay creadores de gran proyección internacional, ampliamente reconocidos por la crítica.

John Christoforou pasó su infancia en Grecia, pero regresó a Londres en 1938, y tras combatir en la Segunda Guerra Mundial celebró su primera exposición en 1949. En 1957 se trasladó a París, donde participará en una muestra en la galería Rive Gauche junto a Enrico Baj, Jorn y Mihailovitch. A lo largo de su carrera celebró importantes exposiciones en diversos países, y trabajó estrechamente con la galeria Birch de Copenhague, donde se le dedicó una exposición de homenaje tras su muerte, en 2014. Actualmente está representado en destacadas colecciones como la de la Tate Gallery de Londres, el Museo

Frissiras de Grecia, el Fonds National d'Art Contemporain de París o los Museos de Bellas Artes de Randers y Silkeborg, en Dinamarca.

El estilo pictórico de Christoforou, que podemos ver en esta obra, se caracteriza por sus intensas y expresivas figuras humanas, que exploran emociones profundas y la lucha de la condición humana y del debate que la misma provoca con su entorno. Su obra emplea colores vibrantes, como vemos en el azul intenso y en el negro de la obra, que acentúan la distorsión y dramatismo de los cuerpos y rostros, reflejando temas de conflicto, resistencia y supervivencia, valores todos ellos vinculados al olimpismo y a la necesidad de lograr alianzas mundiales para avanzar en los ODS en un contexto de fuerte debate ideológico sobre su desarrollo.

La exploración de la fortaleza y la resiliencia humanas en sus pinturas tiene una conexión conceptual con los ideales olímpicos, que celebran la superación personal, la resistencia y la unión en la diversidad. Su estilo intenso y expresivo puede interpretarse como una representación visual de la lucha interna y externa por la excelencia y la perseverancia, valores intrínsecos que unen al olimpismo con las alianzas internacionales, la compatibilidad de la competición por lograr la mejor marca o ser el mejor atleta, unida a la fortaleza que el espíritu olímpico suele provocar en las relaciones entre atletas de Estados en ocasiones muy enfrentados entre ellos.

A este respecto el arte y el olimpismo son dos poderosas herramientas para fomentar la colaboración y la construcción de alianzas entre pueblos y estados, al trascender barreras culturales, lingüísticas y políticas. A través de expresiones como la música, la pintura, el cine y la danza, el arte permite la comunicación de valores, historias y tradiciones, creando un lenguaje universal que une a las personas en torno. A través de la superación de la persona, del reconocimiento del vencedor al esfuerzo del perdedor y del perdedor del logro y mejores condiciones del ganador los Estados y los pueblos se unen y logran alianzas que mejoran las relaciones para poder lograr objetivos tan ambiciosos como los de los ODS.

II. Comentario general

El olimpismo es un movimiento internacional que busca integrar deporte, cultura y educación para promover un mundo más pacífico y justo en el que los deportistas compitan, pero a su vez se unan en un espíritu y una filosofía de vida de sano respeto por el adversario deportivo. Fundamentado en el respeto mutuo y la solidaridad, el olimpismo propicia el entendimiento entre diferentes culturas, en una celebración que trasciende el ámbito deportivo. Por este hecho esta obra y esta serie representa tan bien el último de los ODS, que en el fondo también es el primero de todos. Es necesario crear una alianza entre países, entre naciones, entre organizaciones internacionales, entre entidades, parar lograr los demás ODS. El barón Pierre de Coubertin revitalizó los Juegos Olímpicos modernos en 1896 con la visión de unir a los pueblos en una competencia pacífica que celebrara sus habilidades y destacara los valores de la excelencia, el respeto y la cooperación entre todos los Estados. Ese es el espíritu del ODS 17.

En los Juegos participan miles de atletas de casi todos los países del mundo, compitiendo en condiciones de igualdad, sin importar su origen, género, religión o estatus social. Esto convierte a los Juegos Olímpicos en un espacio de intercambio y convivencia, donde la diversidad se celebra y cada nación representa su identidad única, al mismo tiempo que todos comparten el mismo escenario. El desfile de las delegaciones, con las banderas de cada país, este año 2024 realizado en el emblemático rio Sena de París y que ni un gran aguacero puro detener, simboliza un compromiso global con la paz y la cooperación internacional, y refuerza la noción de que el deporte puede ser un lenguaje común que ayude a los pueblos a lograr una mayor prosperidad.

Los Juegos Olímpicos no solo son una competencia deportiva, sino también una plataforma que fomenta el respeto a los derechos humanos y la inclusión. Al promover la igualdad y la diversidad, el olimpismo rechaza cualquier forma de discriminación, y el Comité Olímpico Internacional (COI en adelante) se compromete a asegurar que estos valores estén presentes en cada edición de los juegos. En el pasado, han servido para derribar barreras y acercar a países enfrentados, como se vio en los Juegos de Seúl 1988, cuando se hicieron esfuerzos por incluir a Corea del Norte y del Sur, o a partir de los Juegos de Río 2016, donde se permitió la participación de refugiados de un equipo propio, mostrando un mensaje de esperanza y solidaridad para quienes más sufren.

Sin embargo, a pesar de esta voluntad del COI los Juegos Olímpicos han sido, en varias ocasiones, una plataforma donde se han expresado conflictos entre Estados, y los boicots se han convertido en uno de los métodos más visibles para manifestar tensiones y desacuerdos internacionales. El primer gran boicot en los Juegos Olímpicos modernos ocurrió en 1956, cuando varios países se negaron a participar en los Juegos de Melbourne en protesta por la invasión soviética de Hungría y la crisis del Canal de Suez. Sin embargo, los boicots más significativos se dieron durante la Guerra Fría, cuando el conflicto entre Estados Unidos y la Unión Soviética se trasladó al ámbito deportivo. En 1980, Estados Unidos encabezó un boicot en los Juegos de Moscú como rechazo a la invasión soviética en Afganistán. En respuesta, la Unión Soviética y otros países del bloque socialista boicotearon los Juegos de Los Ángeles en 1984, argumentando que no se garantizaba la seguridad de sus atletas.

Estos boicots no solo impactaron en la competencia deportiva y en la valoración de la propia competencia, sino que afectan también la percepción del olimpismo y debilitan su función como herramienta de unión y diplomacia. A nivel internacional, estos boicots profundizan divisiones y envían un mensaje de fragmentación en lugar de reconciliación. Quizás las mismas que despiertan hoy en día los ODS y la agenda 2030, que ha sido tomada por una amplia gama de negacionistas del cambio climático y de la mundialización de la toma de decisiones como el paradigma de la agenda mundial contra los Estados y los han atacado de forma furibunda. Por ello los ODS se han convertido en la actualidad en tema de fuerte discusión política entre los distintos sectores ideológicos que niegan el valor de la toma de decisiones universales, niegan el valor de sus postulados y proponen una nacionalización de la toma de las decisiones a nivel Estado.

III. Apunte final

El Objetivo de Desarrollo Sostenible (ODS) 17, «Alianzas para lograr los objetivos», se plantea en 2015 en la Agenda 2030 de las Naciones Unidas tras los Objetivos del Milenio como respuesta a la necesidad de colaboración global para abordar los desafíos del desarrollo sostenible. Este objetivo reconoce que, aunque cada país debe realizar esfuerzos propios, es esencial una cooperación internacional sólida para alcanzar los otros 16 objetivos. Por ello le llamamos el primer y el último ODS, el que acoge y recoge, abraza y engloba a los demás. De forma genérica su propósito es fortalecer las alianzas entre gobiernos, sector privado y sociedad civil, promoviendo una colaboración a múltiples niveles para generar soluciones integrales a problemas globales, como la pobreza, el cambio climático.

Centrándonos en su contenido práctico el ODS 17 tiene por objetivo mejorar la financiación, la transferencia de tecnología, el fortalecimiento de capacidades y la creación de políticas coherentes y justas para todos los países, en especial los de ingresos bajos y medios. También subraya la importancia de involucrar al sector privado y la sociedad civil en estas alianzas, para aprovechar recursos, conocimientos y habilidades diversas. La finalidad es crear la «alianza global», pública y privada, interna e internacional, estratégica y transversal, en el que todas las instituciones y empresas se sientan llamadas, impelidas a participar en el proyecto universal de lograr un mejor desarrollo más sostenible y responsable con las nuevas generaciones.

El fomento de estas alianzas se enfoca en varias áreas clave. Primero, en la financiación, se impulsa la movilización de recursos internacionales para apoyar a los países en desarrollo, mejorando su capacidad de invertir en sostenibilidad. Segundo, en la transferencia de tecnología, el ODS 17 promueve el acceso a tecnologías limpias y sostenibles, especialmente en los países de ingresos bajos, con el objetivo de reducir las brechas tecnológicas y facilitar el avance hacia un desarrollo más equilibrado. Tercero, en el fortalecimiento de capacidades, se alienta la cooperación para mejorar las habilidades y conocimientos en sectores como la educación, la salud y el medio ambiente, esenciales para el crecimiento. Con la colaboración mundial, el ODS 17 impulsa un sistema de apoyo integral que refuerza los demás objetivos de la Agenda 2030, promoviendo así un progreso sostenible y duradero. Las alianzas no solo facilitan la implementación de proyectos, sino que también crean redes de apoyo y soluciones compartidas, demostrando que la unidad y cooperación son esenciales para enfrentar.

Como recapitulación de sus logros, podemos destacar que el ODS 17 ha generado avances importantes en la creación de alianzas y colaboraciones globales, fundamentales para el progreso de los demás Objetivos de Desarrollo Sostenible (ODS). Uno de sus logros actuales es la movilización de fondos a través de instituciones financieras internacionales, como el Banco Mundial y el Fondo Monetario Internacional, que han aumentado su apoyo a proyectos sostenibles en países en desarrollo. Estos fondos buscan mitigar las desigualdades económicas y fomentar el crecimiento inclusivo, particularmente en sectores como la educación, la salud y las infraestructuras de los Estados. Otro logro significativo es el acceso a tecnologías sostenibles, impulsado por iniciativas de transferencia de conocimientos y colaboración técnica. Diversas organizaciones, como el Programa de las Naciones Unidas para el Medio Ambiente (PNUMA), han facilitado la adopción de tecnologías limpias en países de ingresos bajos y medios, promoviendo la energía renovable y reduciendo la dependencia de los combustibles fósiles.

En el ámbito de fortalecimiento de capacidades, el ODS 17 ha potenciado la capacitación en áreas críticas para el desarrollo, como la gestión de recursos naturales, la reducción de desastres y la salud pública. Estas iniciativas ayudan a los países a mejorar sus propias capacidades para enfrentar desafíos internos, permitiendo un desarrollo más autosostenible. Por último, la colaboración con el sector privado ha sido otro logro clave, ya que empresas y organizaciones no gubernamentales (ONGs) han sido involucradas para impulsar el desarrollo sostenible mediante innovación y financiamiento directo. Esto ha resultado en alianzas estratégicas que integran objetivos sociales y ambientales en

En cuanto a una reflexión sobre sus déficits, el ODS 17 ha enfrentado críticas por su falta de logros tangibles en la creación de alianzas verdaderamente efectivas y duraderas para el desarrollo sostenible. Una de las principales críticas se centra en la insuficiente movilización de recursos financieros a nivel global y verdaderamente influyente para lograr el desarrollo sostenible de los Estados del planeta con mayores necesidades, que siguen en una situación muy precaria. Aunque se han hecho promesas de financiación por parte de los países desarrollados y organismos financieros, muchos compromisos no se han cumplido o resultan insuficientes para enfrentar la magnitud de los problemas globales.

Otro punto de crítica es la limitada transferencia de tecnología de los Estados más desarrollados a los Estados en vía de desarrollo, que ha quedado por debajo de lo necesario para reducir las brechas tecnológicas entre países desarrollados y en desarrollo. Las barreras comerciales y los altos costos de tecnologías sostenibles han dificultado el acceso de los países de ingresos bajos a las herramientas necesarias para avanzar en los ODS.

BIBLIOGRAFÍA CONSULTADA Y RECOMENDADA

Acha, J., *Crítica del Arte,* Editorial Trillas (México), 1992.

Arana landín, S., «Las medidas fiscales adoptadas en España para la reducción de las pérdidas y el desperdicio alimentario: un análisis sistemático», *Revista Quincena Fiscal*, N.° 8, abril, Aranzadi, 2024.

Ariño Ortiz, G. y Del Guayo Castiella, I., «¿Qué fue de los principios inspiradores de la liberalización energética, veinte años después de su iniciación?», *Cuadernos de Energía*, núm. 53, 2017, pp. 35-42.

Asociación de Mujeres Artistas., «Igualdad en el arte - EmPoderArte Asociación de mujeres artistas», disponible en: https://www.asociacion-empoderarte.org/igualdad-en-el-arte/.

Banco Mundial, *2023 en nueve gráficos: El aumento de la desigualdad,* World Bank Group, 2023, disponible en: https://www.bancomundial.org/es/news/feature/2023/12/18/2023-in-nine-charts-a-growing-inequality.

Barrantes Fernández, T., *et al.*, «El Arte en la Agenda 2030: una vía para integrar los Objetivos de Desarrollo Sostenible en la Política Económica», en *CIIID2021* (blog), 2021, disponible en: https://2021.ciiid.org/ponencia/el-arte-en-la-agenda-2030-una-via-para-integrar-los-objetivos-de-desarrollo-sostenible-en-la-politica-economica/.

Benko, S., «La obra multidimensional de Víctor Vasarely», *Susana Benko Blog*, 1 de abril de 2016, disponible en: https://susana-benko.blogspot.com/2016/04/la-obra-multidimensional-de-victor.html.

Bibiana Ruíz, C. y Cortés Borrero, R., «La universidad contemporánea a través de los Objetivos del Desarrollo Sostenible y un mundo pos-covid-19», *Episteme, revista de divulgación en estudios socioterritoriales*, vol. 15, núm. 1, 2023, pp. 8-23.

Blum, A., *Les origines du papier*, La Tournelle, Paris, 1935, p.164

Boix Pons, A., *Joan Miró: El Compromiso de un Artista, 1968-1983*, Tesis Doctoral, Universitat de les Illes Balears, 2010.

Breton, A., «Picasso dans son élément», *Minotaure*, n. 1, Paris, 1933.

Cachazo Vasallo, A.: «El ODS 4 y las migraciones», en Sánchez Sánchez, G. y Esteban Frades, S (Coordinadores): *Políticas para una educación inclusiva equitativa y de calidad. Una visión desde España, Portugal e Iberoamérica. Libro Homenaje al Profesor Dr. José Mª Hernández Díaz*, Ediciones Universidad de Salamanca, 2022, pp. 45-52.

Calzadilla Medina, M.A., Martinón Quintero, R., (dir.), *El Derecho de la Unión Europea ante los Objetivos de Desarrollo Sostenible, Tirant Lo Blanch,* Valencia, ISBN 978-84-1113-4446, 2022.

Camón Aznar, J., *Pintura moderna presentada por José Camón Aznar IV,* Ediciones Nauta (Santander),1992.

Castañón Jiménez, C., «Derecho a la educación, desarrollo y COVID-19: una urgente e inaplazable relación», *Revista Derechos Humanos y Educación*, núm. 4, 2021, pp. 211-225.

Cirici i Pellicer, A., «Discurs de Contestació», *Acta Inaugural del Curs 1979-1980, Joan Miró, Frederic Mompu y Pierre Vilar Doctor Honoris Causa,* Universitat de Barcelona, Barcelona, 1979.

Cobas Cobiella, M. E., *Los datos de salud en la era digital, Marco jurídico de la ciencia del dato*, Editorial Tirant Lo Blanch, 2020, pp. 151-196.

Cornelio Landero, E., «Concesión administrativa en el derecho humano a la movilidad», en González Sanmiguel, N. N. Charles Manzano, C. (Coords). *La administración Pública en la materialización del derecho*, Tirant lo blanca, México, 2020, pp. 103-125.

Cobas Cobiella, M. E. y Pérez Cobas, A. E., «Medicina personalizada. Retos para el derecho», *Derecho y Medicina: Desafíos tecnológicos y científicos*, Dykinson, 2023, pp. 129-152.

Cotino Hueso, L., *El derecho a la educación como derecho fundamental. Especial atención a su dimensión social prestacional*, Centro de Estudios Políticos y Constitucionales, 2012.

Crespo Martín, B., «Cuando el arte es relevante en la consecución de los 17 objetivos de desarrollo sostenible y metas de la agenda 2030 para el desarrollo sostenible», en *INNTED 2021* (blog), disponible en: https://2021.innted.org/ponencia/cuando-el-arte-es-relevante-en-la-consecucion-de-los-17-objetivos-de-desarrollo-sostenible-y-metas-de-la-agenda-2030-para-el-desarrollo-sostenible/

De la Rosa Ruíz, D. *La educación para el desarrollo sostenible como oportunidad de aprendizaje de menores en contextos vulnerables. El papel de las entidades sociales en la educación inclusiva y la atención a la diversidad,* Tesis Doctoral defendida en la Universidad Camilo José Cela, 2021.

Douhaire, C. (2024). «The Climate Decision of the German Constitutional Court and Its Implications on Soil Management**»**, en Ginzky, H., *et al. International Yearbook of Soil Law and Policy 2022. International Yearbook of Soil Law and Policy,* vol 2022, Springer, Cham. https://doi.org/10.1007/978-3-031-40609-6_2

Equal Measures 2030. (2024). «Hallazgos del Índice de Género de los ODS 2024», disponible en: https://equalmeasures2030.org/es/indice-de-genero-de-los-ods-de-2024/

Eurostat, *Sustainable development in the European Union: monitoring report on progress towards the SDGs in an EU context – 2024 edition,* European Union, 18 de junio de 2024, disponible en: https://ec.europa.eu/eurostat/en/web/products-flagship-publications/w/KS-05-24-071

Fernández Liesa, C. R. y **Manero Salvador, A**. (Directores): *Análisis y comentarios de los Objetivos de Desarrollo Sostenible de las Naciones Unidas,* Thomson Reuters Aranzadi, 2017.

Fernández Mora, V. De J., Jasso Alfieri, R. D. y **Gadea Aiello, W. F.** (Coordinadores): *Los Objetivos de Desarrollo Sostenible desde el modelo de Naciones Unidas. Pensamiento crítico e interdisciplinariedad,* Dykinson, 2023.

Fernández Tesoro, C., «Educación de calidad: un derecho de niños y niñas», en Fernández Liesa, C. R. y Manero Salvador, A. (Directores): *Análisis y comentarios de los Objetivos de Desarrollo Sostenible de las Naciones Unidas*, Thomson Reuters Aranzadi, 2017, pp. 175-189.

Fortes Martín, A., *Los desplazamientos sostenibles en el derecho a la ciudad*, Iustel, España, 2021.

Ferreiro Galguera, J., «Derecho fundamental de la libertad religiosa e ideológica», en Ferreiro Galguera, J.: *Derecho y religión en el ordenamiento jurídico español,* Tirant lo Blanch, 2022, págs. 63-105.

Figueras Ferrer, E., «El grabado al aguafuerte con sales corrosivas: el legado de los clásicos», *Bellas Artes*, núm. 9, abril 2011, pp. 107-123.

Figueras, E.; Kiekeben, F. y Green, C., «La sostenibilidad en el grabado», en la obra *El grabado no tóxico*, Universitat de Barcelona, 2008, pp. 1-35.

Fundació Joan Miró, «La responsabilidad cívica del artista», *Blog Fundació Joan Miró*, 15 de octubre, 2010, disponible en: https://www.fmirobcn.org/blog/es/2020/10/15/responsabilidad-civica-artista/.

Galería Rafael Ortiz, *Gerardo Delgado, Olivares,* 1942. Ver en la página web: https://www.galeriarafaelortiz.com/gerardo-delgado/

García Costa, F. M.: «Capítulo VI. El derecho a la educación como derecho prestacional en el marco del ODS N.° 4», en Marcos Cardona, M. y Selma Penalva, V. (Directoras): *Los objetivos de desarrollo sostenible: principales desafíos jurídicos,* Dykinson, 2021, pp. 59-63.

Gil y Gil, J. L., «El ODS 8 y el ODS 4», en *Noticias CIELO*, núm. 7, 2021, pp. 1-4.

Grovier, K., Las fascinantes creaciones de Victor Vasarely, el genio que pintó cientos de ilusiones ópticas capaces de engañar a nuestros ojos*,* *BBC Culture*, 10 de junio de 2019, disponible en: https://www.bbc.com/mundo/vert-cul-47588256

Guayabero, O., «Menos es más... más o menos», *Gráffica*, 20.11.2021. Véase en la página web: https://graffica.info/menos-es-mas-mas-o-menos-por-oscar-guayabero/

Guichard-Meili, J., *Cómo mirar la pintura,* Nueva colección labor (Barcelona), 1968.

Hess, W., *Documentos para la comprensión del arte moderno. 11 fichas,* Ediciones Nueva Visión, Buenos Aires, 1978.

Instituto Nacional De Estadística, *Objetivo de Desarrollo Sostenible 7/17*, Boletín Informativo del Instituto Nacional de Estadística, 2024. Véase en la web: https://www.ine.es/ss/Satellite?L=es_ES&c=INECifrasINE_C&cid=1259953890986&p=1254735116567&pagename=ProductosYServicios%2FINECifrasINE_C%2FPYSDetalleCifrasINE.

Isusi-Fagoaga, R. y Beltrán Llavador, J., «Hacia una Educación comprometida con los Objetivos de Desarrollo Sostenible y la Innovación Social», *Creativity and Educational Innovation Review*, núm. 6, 2022, pp. 1-5.

Junta De Andalucía, Gerardo Delgado: *Aprender de todas las cosas, Centro Andaluz de Arte Contemporáneo,* Consejería de cultura y patrimonio histórico, Centro Andaluz de Arte Contemporáneo 7 de abril - 3 de septiembre de 2017, p. 25. Véase en la página web: https://www.caac.es/descargas/cat_gdel17.pdf

Larousse, *Diccionario de Arte I,* Larousse, Barcelona, 2003, pp.11-12.

Lartey, A., «Objetivo 2—Abrir nuevos caminos para la nutrición, la agricultura y los sistemas alimentarios», *ONU Crónicas*, 1 de abril de 2015, disponible en: https://www.un.org/es/chronicle/article/objetivo-2-abrir-nuevos-caminos-para-la-nutricion-la-agricultura-y-los-sistemas-alimentarios

Las, J. (dir.), «Diccionario del dibujo y la estampa: vocabulario y tesauro sobre las artes del dibujo, grabado, litografía y serigrafía». *Real Academia de Bellas Artes de San Fernando,* Calcografía Nacional, Madrid, 1996. Ver: https://www.tallerdelprado.com/tecnica/aguafuerte/?v=04c19fa1e772

Leiva López, A., «La regulación del hidrógeno renovable en España», en la obra de Del Guayo Castiella, Í. y Mellado Ruiz, L. (Dirs.), *Retos regulatorios de los gases renovables en la economía circular*, Marcial Pons, Madrid, 2023, pp. 149-150.

López Castillo, A. (Editor), *Educación en valores. Ideología y religión en la escuela pública,* Centro de Estudios Políticos y Constitucionales, 2007.

López Ramón, F., «La sostenibilidad de los sistemas agroalimentario (I)», *Revista Aranzadi de Derecho Ambiental*, No. 57, Aranzadi, 2024.

Luque Rodrigo, L., «Lo que el arte nos enseña sobre la igualdad de género», en *The Conversation*. 2 de julio de 2020, disponible en: http://theconversation.com/lo-que-el-arte-nos-ensena-sobre-la-igualdad-de-genero-141257

Martínez Cañellas, A., «El contenido nutricional como carácter de una obtención vegetal y los objetivos de desarrollo sostenible», *Revista de Derecho Mercantil*, N.° 331, Aranzadi, 2024.

Martín Cubas, J. Y Cano Pérez, V., **«**Políticas públicas, arte y gobernanza: el impacto de los ODS**»**, en Martinez Garcia, E.(dir.), Borges Blázquez, R. (dir.) y AA. VV, *Ciencias sociales y jurídicas. Las universidades como motor de cambio ecosocial: sostenibilización curricular,* Tirant lo blanch, Valencia, 2024, págs. 187-234.

Martín Cubas, J. Y Cano Pérez, V., «El arte, la gobernanza del territorio y los ODS**»**, *Revista Sonda: Investigación y Docencia en Artes y Letras,* N.°. 12, 2023 (Ejemplar dedicado a: La producción artística; un reto colectivo en proceso de cambio y corrección permanente), págs. 98-110.

Medina- Hernández, E. J., «Desafíos de salud y bienestar en el mundo según indicadores ODS», en *TEMAS LIVRES, Ciênc. saúde coletiva* 29 (2), Feb 2024.

Miró i Ferrà, J., «Lliçó introductòria sobre la concepció cívica de l'artista», *Acta Inaugural del Curs 1979-1980, Joan Miró, Frederic Mompu y Pierre Vilar Doctor Honoris Causa,* Discurso leído por Santiago Alcolea, Universitat de Barcelona, Barcelona, 1979.

M'rabet Temsamani, R. Y Quirosa García, M. V. (Coordinadores): *ODS y educación inclusiva en la educación superior: experiencias y propuestas transdisciplinares de innovación docente*, Dykinson, 2022 https://dialnet.unirioja.es/servlet/libro?codigo=877205

Naciones Unidas. Departamento De Economía Y Asuntos Sociales. (2023). *Informe de los Objetivos de Desarrollo Sostenible 2023: Edición especial,* disponible en: https://doi.org/10.18356/9789210024938

Nuevo López, P., *La constitución educativa del pluralismo. Una aproximación desde la teoría de los derechos fundamentales,* UNED-Netbiblo, 2009.

Ortega Giménez, A., (Dir.), *Arte y Derechos Humanos,* Editorial COLEX, S.L., A Coruña (España), 2023.

Ortega Giménez, A., Código *Universitario de Derecho Internacional Privado. Tomos I y II*, Boletín Oficial del Estado, Madrid, 2023.

Ortega Giménez, A. y Heredia Sánchez, L. S. (Dirs.), Castellanos Cabezuelo, A., (Coord.), *Arte, Cine, Derecho y Comercio internacional,* Editorial Aranzadi, S.A.U., Cizur Menor (Navarra), 2023.

Ortega Giménez, A. (Dir.), Heredia Sánchez, L. S. (Coord.), *Responsabilidad social, transparencia y relaciones privadas internacionales, Aranzadi,* Madrid, 2023.

Ortega Giménez, A. (Dir.), *Arte, Derecho y Comercio Internacional,* Editorial Thomson Reuters Aranzadi, Cizur Menor (Navarra), 2022.

Ortiz García, M.; Ortíz Pérez, S.; Ramírez Parco, G.; Romero Tarín, A. y Ruíz Callado, R., «La educación de calidad apoyada en los ODS como gran palanca política», en Roig Vila, R. (Cordinación): *Redes de Investigación e Innovación en Docencia Universitaria*, volumen 2020, Universidad de Alicante, pp. 375-387.

Pérez Cobas, A. E. y **Cobas Cobiella, M. E.,** «Datos genéticos y datos de salud. Una aproximación a su estudio», *Revista Boliviana de Derecho*, N.° 30, 2020, pp. 428-453.

Picasso, P., & Instituto De Crédito Oficial (Eds.). (1993). *Picasso: Vollard suite: The Instituto de Credito Oficial collection* (1.ª ed).

Ramos Torres, D. I.: «Contribución de la educación superior a los Objetivos de Desarrollo Sostenible desde la docencia», *Revista Española de Educación Comparada*, núm. 37, 2021, pp. 89-110.

Ruda González, A., «Perspectives de la litigació pel canvi climàtic arran del cas Urgenda**»**, en *Revista Catalana de Dret Ambiental*, vol. 9, n.º 2, 2018, disponible en: https://raco.cat/index.php/rcda/article/view/348630

Sánchez, C., «La UE avanza positivamente hacia los ODS: 5 conclusiones principales del informe Eurostat», *Linkedin Pulse*, 31 de mayo 2023, disponible en: https://www.linkedin.com/pulse/la-ue-avanza-positivamente-hacia-los-ods-5-del-informe-s%C3%A1nchez/

Serrano, A., «Avance en España respecto a los ODS ambientales 2024», 10 de julio de 2024. Ver en la página web: https://fundacionsistema.com/avance-en-espana-respecto-a-los-ods-ambientales-2024/

Souto Paz, J. A. (Director): *Educación y libertad,* Dykinson, 2012.

Vargas Vergara, M. y Aragón, L. (Coordinadoras): *Los Objetivos de Desarrollo Sostenible: hoja de ruta en la educación del siglo XXI. Innovación docente en la formación de profesionales*, Octaedro, 2021.

Vázquez, J. C., «Muere Gerardo Delgado, figura esencial de la abstracción española», *Diario de Sevilla*, 06 de marzo de 2024. Véase en: https://www.diariodesevilla.es/ocio/gerardo-delgado-muere_0_1882011978.html#

Vázquez García, L., «Arte y ODS: educación para el desarrollo sostenible a través del arte», *Aula de innovación educativa*, N.° 316, 2022, págs. 52-56.

Vernia Carrasco, A. M. «Proyectos artísticos para transformaciones sociales: arte y ods», en Molero Jurado, M. (coord..) y AA. VV. *Avances de Investigación en Salud a lo largo del Ciclo Vital. Nuevas realidades,* Dykinson, Madrid, 2020, págs. 173-186.

Yáñez Martínez, B., «Estrategias del Arte alineadas con los Objetivos de Desarrollo Sostenible». *Educación artística: revista de investigación,* N.° 14, 2023, pp. 168-186, disponible en: https://turia.uv.es/index.php/eari/article/view/25916

Made in United States
Orlando, FL
04 November 2026

90206663R00109